僅有**一種想法**，比任何事情都可怕。

Creativity leads to success

創意

▶是**成功**的方向◀

追求卓越

人們常說「時間就是金錢」，
但其實「點子」也是金錢。

點子是人們解決問題時想出來的辦法，
傑出的點子就是最好的創意，
是獲得事業成功的可靠保障。

國家圖書館出版品預行編目資料

創意是成功的方向：追求卓越！/ 潘沅禾 編著.
-- 初版. -- 新北市：雅典文化, 民104.08
面； 公分. --（change myself系列；4）
ISBN 978-986-5753-43-6（平裝）
1.成功法 2.創造性思考 3.自我實現
177.2 104010791

change myself系列 04

創意是成功的方向，追求卓越！

編　　著／潘沅禾
責　　編／林美玲
美術編輯／蕭佩玲
封面設計／蕭佩玲

法律顧問：方圓法律事務所／涂成樞律師

總經銷：永續圖書有限公司
永續圖書線上購物網
www.foreverbooks.com.tw

CVS代理／美璟文化有限公司
TEL：（02）2723-9968
FAX：（02）2723-9668

出版日／2015年8月

雅典文化

出版社
22103 新北市汐止區大同路三段194號9樓之1
TEL （02）8647-3663
FAX （02）8647-3660

步驟三　找到實現自己夢想的途徑

步驟四　樹立強大的自信心

步驟七 努力集中在你的目標上

步驟八 堅持不懈，直到成功

步驟一

把一時的靈感轉變為自己的機會

Creativity leads to success

現在，創造活動已不再是科學家、發明家的事，已經深入到一般人的生活中，很多人都可以進行創造性的活動，生活、工作的各個方面都可以迸發出創造的火花。

人們在事業上的新的追求、新的理想、新的目標會不斷產生，在為新的事業創造奮鬥中，實現了這些新的追求、理想、目標，就會產生新的幸福。

想像力和創造力是一個人最大的財富

在加州海岸的一個城市中，所有適合建築的土地都已被開發，並予以利用。在城市的另一邊是一些陡峭的小山，無法作為建築用地，而另外一邊的土地也不適合蓋房子，因為地勢太低，每天海水漲潮時，總會被淹沒。

一位具有想像力的人來到了這座城市。具有想像力的人，往往具有敏銳的觀察力，這個人也不例外。在到達的第一天，他立刻看出了這些土地賺錢的可能性。他先購買了那些因為地勢太陡而無法使用的山坡地，也購買了那些每天都要被海水淹沒一次而無法使用的低窪地。他購得的價格很低，因為這些土地被認為並沒有什麼太大的價值。

他用了幾噸炸藥，把那些陡峭的小山炸掉。再用推土機把地整平，原來的山坡地就成了建築用地。

另外，他又雇用了一些車子，把多餘的泥土倒在那些低窪地上，使其超過水平面，因此，也使它們變成了建築用地。

他賺了不少錢，是怎麼賺來的呢？只不過是把某些泥土，從不需要它們的地方運到需要這些泥土的地方罷了。

那個小城市的居民把這人視為天才，而他確實也是天才——任何人只要能像這個人這樣運用他的想像力，那麼，他也同樣可以成為一位天才。

想像力和創造力是一個人最大的財富。

良好的思維勝於健全的體魄

鐘斯是美國威斯康辛州一個小農場的農民，在身體健康的時候，他非常勤奮地工作，但卻並不能使他的農場生產更多的產品，因此他們的生活並不很寬裕。

後來，鐘斯晚年突然癱瘓了，自己幾乎失去行動的能力，他的親人都認為他不會有什麼作為了。然而，鐘斯雖然身體癱瘓，但卻從不悲觀，這場災難並沒有對他的心理造成影響，他利用自己的思考和計畫能力給他自己和他的家人帶來幸福。因為自從他臥床不起的時候，他就有一個信念：要滿懷希望，保持樂觀的態度和愉快的情緒；要使自己成為有用的人，他要供養他的家庭，而不要成為家庭的負擔；從自己的農場做起，將自己偉大的夢想變為現實。

他把自己的打算告訴家人。「我不能再用我的身體工作了，」他說，「因此我決定用我的大腦進行工作。如果你們願意的話，你們每個人的手都可以代替我的手、腳和身體。讓我們把農場的耕地改種玉米。然後我們就用玉米來養豬。當豬還幼小肉嫩的時候，我們就把牠們用來製成香腸，然後把香腸包裝起來，用一個品牌在全國各地的零售店出售，這樣我們的香腸就可以像熱狗一樣出售了。」幾年之後，「鐘斯乳豬香腸」走進了千家萬戶，成為美國最能引起人們食慾的食品之一。鐘斯也成了百萬富翁。

這是一個人積極的心理改變他整個世界的一個活生生的見證。由此可見，一個良好的心理狀態，總能啟發人們找到解決問題的辦法，幫助他們渡過難關。走出逆境後的甜美，只有經歷它的人才能真正感受出來。

會思考的人就能掌握主動

▼會動腦筋的人總能找到工作

佛瑞迪當時只有十六歲，在暑假將來臨的時候，他對爸爸說：「爸，我不要整個夏天都向你伸手要錢，我要找個工作。」

父親從震驚中恢復過來之後對佛瑞迪說：「好啊，佛瑞迪，我會想辦法給你找個工作，但是恐怕不容易。現在正是人浮於事的時候。」

「你沒有弄清我的意思，我並不是要您給我找個工作。我要自己來找。還有，請不要那麼消極。雖然現在人浮於事，我還是可以找個工作。有些人總是可以找到工作的。」

「哪些人？」父親帶著懷疑問。

「那些會動腦筋的人。」兒子回答說。

佛瑞迪在求職欄上仔細尋找，找到了一個很適合他專長的工作，廣告上說應徵者要在第二天早上八點鐘到達四十二街的一個地方。佛瑞迪並沒有等到八點鐘，而在七點四十五分鐘就到了那兒。他看到已經有二十個男孩排在那裡，準備搶先去求見，他是隊伍中的第二十一位。

怎樣才能引起特別注意而競爭成功呢？這是他的問題。他應該怎樣處理這個問題？根據佛瑞迪所說，只有一件事可做——動腦筋思考。因此他進入了那最令人痛苦也最令人快樂的程式——思考。在真正思考的時候，總是會想出辦法的，佛瑞迪就想出了一個辦法。他拿出一張紙，在上面寫了一些東西，然後折得整整齊齊，走向祕書小姐，恭敬地對她說：「小姐，請妳馬上把這張紙條轉交給妳的老闆，這非常重要。」

她是位資深祕書，如果他是個普通的男孩，她就可能會說：「算了吧，小夥子。你回到隊伍等著吧。」但是他不是普通的男孩，她直覺到，他散發出與眾不同的一種氣質，所以她把紙條收下。

「好的！」她說：「讓我看看這張紙條。」她看了不禁微笑了起來。她立刻站起來，走進老闆的辦公室，把紙條放在老闆的桌上。老闆看了也大聲笑了起來，因為紙條上寫著：「先生：我排在隊伍中第二十一位，在你沒有看到我之前，請不要輕易作決定。」

他是不是得到了工作？他當然得到了工作，因為他很早就學會了動腦筋。一個會動腦筋思考的人總能掌握住問題。他能解決它或消除它，或發展出一種辦法模式嘗試著去做，去面對問題。

▼在工作中獨立自主地解決問題

一天，一名叫麗塔的女職員匆匆走進經理的辦公室，坐在椅子上。她在公司客服部工作。幾週來，客戶們紛紛來電話抱怨貨物運送有誤，而使她應接不暇。她對這種情況感到厭煩透了，要求經理處理，不然她就準備辭職了。

「好吧，麗塔。」經理像往常一樣說，「我會查清楚是怎麼回事的。」

她道了謝，起身離去。麗塔總能得到她要求的東西。但是她因此暴露了自己的心態：我是個「小人物」，不應當成為處理問題的人，我只想每天來上班，一切都順利。

採取「小人物」態度的員工，無異於在告訴別人，他們不打算承擔更多的責任。倘若麗塔走進經理的辦公室時，是帶著解決問題的辦法，而不是問題本身，她也許會使自己成為晉升候選人的。

工作中，人人都會遇到問題，關鍵在於你怎麼辦。專家的忠告是：靠自己解決問題。因為問題顯示你的才能、給公司做出重要貢獻的機會。事實上，不少晉升機會都是由那些聰明的員工，才能超出其職責範圍的工作時創造的。沒有什麼比解決難題更能打動老闆。

▼多用腦子，才能得到青睞

有這樣一個故事：

兩個同齡的年輕人同時受雇於一家店鋪，拿同樣的薪水。可是叫阿諾德的小夥子青雲直上，而那個叫布魯諾的小夥子卻仍在原地踏步。

布魯諾很不滿意老闆的不公平待遇。終於有一天，他到老闆那兒抱怨。老闆一邊耐心地聽著他的抱怨，一邊在心裡盤算著怎樣向他解釋清楚他和阿諾德之間的差別。「布魯諾先生，」老闆開口說話了，「你今天早上到市場去，看看今天早上有賣什麼。」

布魯諾從市場上回來向老闆報告說，今早市場上只有一個農民拉了一車番薯在賣。

「有多少？」老闆問。

布魯諾趕快戴上帽子又跑到市場上，然後回來告訴老闆一共四十袋番薯。

「價格是多少？」

布魯諾又跑到市場上去問價錢。

「好吧，」老闆對他說，「現在請你坐到椅子上，一句話也不要說，看看別人怎麼做。」

老闆叫阿諾德做同樣的事情。

阿諾德很快就從市場上回來了，並說到現在為止只有一個農民在賣番薯，一共四十袋，價格是多少多少；番薯品質很不錯，他還帶了一些回來讓老闆看看。

此時老闆轉向了布魯諾，說：「現在你知道為什麼阿諾德的薪水比你高了吧？」

布魯諾跑了三趟，才在老闆的不斷提示下，瞭解了菜市場的部分情況；而阿諾德僅一趟，就掌握了老闆需要和可能需要的訊息。

現實生活中也有不少人像布魯諾那樣，上司吩咐什麼，就做什麼，自己從不用腦，結果長期不被重用，還感歎命運的不公平。而像阿諾德那樣辦事效率高、靈活的人，不僅圓滿完成上司交辦的任務，還能主動給上司提供參考意見和盡可能多的訊息，自然會得到領導的賞識和青睞。

在工作中不肯用腦的人是「懶惰蟲」，不會用腦的人是傻瓜，不想用腦的人永遠是奴隸。

▼撇開傳統的想法

在一次國際西洋棋比賽中，一位名為法蘭克・馬歇爾的棋手走了一招常被讚譽為「最美妙一步」的棋。在那重要的一局中，他與對手——一位俄國大師，勢均力敵。馬歇爾的「皇后」受到圍困，但要殺出重圍，仍是有幾個辦法可想的。由於皇后是最重要的進攻棋子，觀戰的人都以為馬歇爾會依常規，把皇后走到安全的地方。

馬歇爾對著棋局苦思，時間到了，他拿起皇后，略一停頓，隨即下在最不合常理的地方，那個位置對方有三枚棋子可以把皇后吃掉。

馬歇爾在緊要關頭放棄皇后，太不可思議了，觀棋的人和對手都吃了一驚。

接著，俄國棋手和其他的人都恍然大悟，明白了馬歇爾走的是極高明的一招。不論對方用哪個棋吃掉皇后，都會立陷頹勢。俄國棋手看出自己敗局已定，只好認輸。馬歇爾以大膽罕見的招數贏了對手，犧牲皇后，贏了棋局。

他是否贏了並不重要，甚至他的妙招也不重要，重要的是他能夠撇開傳統的想法，去考慮這一招。他不局限於傳統方式，願意根據自己的判斷，並僅憑自己的判斷，走了這個險招。不管棋局結果如何，馬歇爾都是真正的勝利者。

▼設計出自己的航線

一九六二年，史密斯以優秀的成績進入耶魯大學攻讀經濟學課程。四年後撰寫畢業論文時，史密斯沒有選擇流行的課題，他對當時美國的航空郵件運送問題進行了訪查。

當時的情況是，各家航空貨運公司利用飛機運送郵件，但遇到天氣條件惡劣或機件問題影響飛機起飛或降落時，郵件便無法運送，進而給用戶帶來極大的不便，也導致航空郵件業務的可靠性低，但價格卻相當高。因此，史密斯在論文中提出了透過一條航線當夜從一個城市到另一個城市運送郵件的想法。

他設想一家專營航空郵件業務的公司，可以擁有自己的飛機和貨車車隊，獨立於商業航班和航線經營，在傍晚到黎明這段時間內將郵件運送到美國的任何地方。那些教授們怎麼也想不到，正是這篇論文讓美國聯邦快遞公司誕生了。

大學畢業後，按照法律規定，史密斯加入了空軍並被派到了越南。在越南，身為美國空軍一員的史密斯，卻逐漸對胡志明堅韌的決心以及那裡的原始風景產生了崇仰之情。

大多數創業者在經濟上都一貧如洗，而史密斯並非如此。但越南的經歷使他產生了一貧如洗和絕望無助的感覺。從越南回來後，史密斯買下了阿肯色州小石城的一家飛機修護公司，向航空公司的飛機提供維修服務。在史密斯的不懈努力之下，這家公司業績頗佳，並受到當地的好評。但史密斯的志向不會停留在小石城，他的雄心是要實現畢業論文中的理想。

一九六九年，史密斯開始對美國航空郵件業務進行調查。他首先從美國郵政局和聯邦儲備銀行著手。他認為聯邦儲備銀行最有可能成為他的客戶，因為它每天有三百萬美元處於流動之中。

於是，史密斯投進了自己的資金，並透過擔保取得三百六十萬美元的銀行貸款，從泛美航空公司購買了兩架噴射飛機，成立了聯邦快遞公司。數週後，由於聯邦儲備銀行撤回支持，聯邦快遞公司被迫中斷。但史密斯已經有了兩架噴射飛機和一個半成熟的企業計畫。

一九七二年到一九七三年，史密斯重新進行市場研究。這一次，他聘請了一大一小兩家諮詢公司來研究國內航空貨運業。最後的報告指出，可以在一百個城市之間建立網路進行航空貨運服務，該網路為緊急業務提供航空服務，同時可配備陸上設施，以便在託運者和承運者之間提供服務。令史密斯激動的是，這份報告幾乎和他的大學畢業論文同出一轍。

隨後發生的事情就猶如一場馬拉松賽跑，史密斯不停地往返於華爾街的高大建築物之間，他設法從創業投資家、銀行和公司籌集了九千六百萬美元。

在史密斯和創業小組的努力下，聯邦快遞公司展開了一場極具進取心的廣告行動，並向社會提出了「絕對只需一夜」的口號。憑著這兩個措施，聯邦快遞公司逐漸走上了成功的道路，並於一九七七年成功地使股票公開上市。

一九八四年，聯邦快遞公司公開發行銷售四千六百萬股股票後，其平均價值達到十七億美元。

人們說，聯邦快遞公司是一個奇蹟，史密斯從當初撰寫畢業論文到創立一家全國性乃至國際性的公司更是一個奇蹟。正如羅伯特・西格富斯在《絕對只需一夜》中所說：「史密斯身上永不止息的創業精神和建立事業的不折不撓的氣概，將激勵他去爭取更大的成功，這是毫無疑問的……」

傑出的創意就是金錢

▼只有動腦，才能比別人賺更多的錢

漢斯是個德國農民，他因為愛動腦筋，所以花比別人少的力氣，而獲得更多的收穫，當地人都說他是個聰明人。到了花生收穫季節，德國農民就進入了最繁忙的工作時期。他們不僅要把花生從土裡收回來，而且還要把它運送到附近的城裡去賣。為了賣個好價錢，大家都先把花生做篩選分成大、中、小三類。這樣做，勞動量實在太大了，每人都從早做到晚，希望能快點把花生運到城裡賣。漢斯與眾不同，他們根本不做篩選花生的工作，而是直接把花生裝進麻袋裡運走。

漢斯「偷懶」的結果是，他家的花生總是最早上市，因此每次他賺的錢自然比別家的多。

一個鄰居發現了漢斯一家賺的錢比自己多，但是不知道他們是怎麼做到的。於是就悄悄地跟蹤，終於發現了其中的奧祕。

原來，漢斯每次到城裡送花生時，沒有開車走一般人都經過的平坦道路，而是載著裝花生的麻袋走一條顛簸不平的山路。二英哩路程下來，因車子的不斷顛簸，小的花生就落到麻袋的最底部，而大的自然留在了上面。賣的時仍然是大小能夠分開。由於節省了時間，漢斯的花生上市最早，自然價錢就能賣得更理想了。

漢斯這種巧妙利用自然原理進行的方法，看起來並不特別，但卻能開啟我們的大腦。如果你能夠激發出自己這樣的邏輯想像能力，就可以在自己的成功過程中做得更好了。

▼「點子」就是金錢

波爾格是石油企業家的兒子。一九一四年九月剛從英國回到美國，便決心從事石油開採業。

一九一五年十月，美國奧克拉荷馬州有一個油井招標，參加投標的企業家很多。有不少投標者實力雄厚，競爭異常激烈。

波爾格此時才成立的公司資金不足，不是那些大企業家的對手。怎麼辦呢？經過苦思冥想，波爾格德想到了一個點子——空城計。

投標那天，波爾格租了一套十分華貴的衣服，約了一位他所熟悉的著名銀行家，與他一道前往投標會場。

到了會場，波爾格顯得氣度不凡，胸有成竹，加上身旁有著名的銀行家陪伴，致使在場的企業家的目光都集中到了他的身上。

那些躍躍欲試，準備在投標中一決勝負的投標者，心裡不免忐忑不安。想到波爾格是石油富商的兒子，現在又有大銀行家作「參謀」當「後盾」，感到自己不是波爾格的對手。於是，投標會場發生了戲劇性的變化，企業家們竟三三兩兩地相繼離開了。留下的也不敢競價。

結果，波爾格以五百美元的低價就輕而易舉地得標了。他這個點子居然成功了。四個月後，即一九一六年二月，波爾格得標的那個油井挖出了石油。他馬上以四萬美元的價格將油井售出，很快便獲得了三萬多美元的純利。

波爾格一處又一處地投資開採石油，不斷成立新的石油公司。到了一九一七年六月，二十三歲的波爾格已成為擁有四十家石油公司的富翁。

人們常說「時間就是金錢」，其實「點子」也是金錢。點子是人們解決問題時想出來的辦法，傑出的點子就是最好的創意，是獲得事業成功的可靠保障。

▼用總統做廣告

美國一家出版公司，有一批滯銷書久久不能脫手，經理忽然想出一個主意：送給總統一本書，並三番兩次去徵詢意見。

忙於政務的總統不願與他多糾纏，便回了一句：「這本書不錯」。於是經理便大做廣告：「總統推薦的書」。然後重新發行，這些書搶購一空。

不久，他又有書賣不出去，又送一本給總統，總統上過一次當，想奚落他，就說，這本書糟透了。該經理聞之，腦子一轉，又做廣告：「令總統不滿的書，」不少人出於好奇爭相搶購，書又售盡。

第三次，他又送書給總統，總統有了前兩次的教訓，便不作任何答覆，但新的廣告還是很快出來了：「讓總統難以下結論的書，欲購從速」。居然又被一搶而空，總統哭笑不得，出版商大發其財。

思考能力是把握機遇的關鍵

▼依靠過人的思維和判斷能力取勝

世界著名的石油大王洛克菲勒在談到他的創業史時，只說了一句話：「致勝的關鍵是時機。」

那麼把握時機靠什麼呢？

最重要的當然是膽量、思考和預見能力。

洛克菲勒二十一歲的時候，隻身一人來到賓州考察石油的生產情況和行情。當時。賓夕法尼亞的石油剛開採只有一年多，而且石油的用途由於技術的限制還並不廣泛，只是當作照明用油和工業潤滑油。

但是，洛克菲勒看到這「黑色的血液」，憑直覺，他認為這東西將來有無可限量的前途，於是他決定在石油領域好好地衝刺一番。

洛克菲勒來到產油區調查了好幾次，他一向認為辦事一定要謹慎，再三瞭解清楚後才能動手，否則便會失敗。他密切地注視著石油的行情，而他的合夥人卻早已等得不耐煩了，他催促著洛克菲勒馬上進行投資。

「現在還為時過早。」洛克菲勒平靜地說：「他們只知道一味的採油，而根本不考慮到市場，照這樣下去，不出多久一定會供大於求，油價一定會下跌。」

果然不出所料。當時石油需求量很少，但是盲目開採出的石油又太多，這樣造成生產過剩，油價一跌再跌。由每加侖〇．二二美元跌到〇．一三美元，沒過多久每加侖石油賣不到十美分。

一桶油有四十二加侖，才賣〇．三五美元，而運費卻要花去三美元，運輸費用也成了石油滯銷的一個原因。

這個時候，洛克菲勒瞭解到產油區正在計畫修建鐵路，鐵路一旦通車，運輸費用自然會減少許多。他覺得時機已經成熟，於是便找克拉克投資原油。

克拉克聽了，還以為是洛克菲勒發瘋了，「現在原油暴跌，你還想投資，我懷疑你是不是腦袋出了問題。」不管洛克菲勒如何勸說，如何分析時勢，克拉克就是不願意投資。

這時，洛克菲勒遇到了英國化學家安德魯斯。安德魯斯是個從英國移民的化學家，與克拉克是同鄉，他曾經在英國的大學做過石油研究。而他決心要從賓州的石油寶庫中做出精煉油來。

在他的說服下，安德魯斯—克拉克石油公司成立了。而克拉克只是名義上的董事長，洛克菲勒抓緊時機，大批地購進原油，經過加工運輸到各地，這樣使他的石油生意日益發展起來。

不過，他和克拉克之間的矛盾越來越深了。克拉克是保守的人，只熱衷於既有的成果，畏首畏尾，對敢於創新的洛克菲勒來說無疑是塊絆腳石頭。最後他們終於鬧翻，決定把公司賣掉，而由兩人中出價最高的人獨立掌管。

洛克菲勒確定了必勝的信心，因為他知道，石油工業是一個前途非常看好的領域，不管花費多少代價，一定要掌握公司的領導權。價碼越抬越高，五萬元、七萬元、七．二萬元，最後洛克菲勒終於以七．二五萬元的價格買下了安德魯斯—克拉克石油公司。

他把公司改名為洛克菲勒—安德魯斯公司，擴充了煉油設備，日產量增至五百多桶。那一年，洛克菲勒才剛滿二十六歲，但是他憑著過人的思維和判斷能力卻建立起了克利夫蘭規模最大，銷售總額最多的煉油廠。

▼努力爭取實現你的夢想

一九七七年，戴爾剛滿十二歲。一個午後，他的父母和兄弟都到墨西哥灣釣魚，而他卻坐在沙灘上，費勁地擺弄著釣具，他在將幾個魚鉤綁到一根線上。家人都認為他在浪費時間，說著：「拿根竿子跟我們一起釣吧，湊個熱鬧，別白費力氣了。」

然而戴爾繼續做著，直到晚飯時刻，大家都準備結束一天的活動的時候，他才裝好了那副奇特的釣竿，並把魚線遠遠地拋出去，末端繫在一根深插於沙土中的杆子上。

晚餐後，大家都嘲笑戴爾，說他會空手而歸的。但是當戴爾把釣線拉起時，上鉤的魚比全家人釣的所有的魚還多。

戴爾總喜歡說：「如果你認為你的辦法不錯，就不妨試試。」二十九歲的戴爾深知一個好主意的真正價值，正是這些好主意，使他以從一文不值而一躍成為擁有億萬資產的企業巨頭，成為全美第四大個人電腦製造商，他的公司名列由《生活》雜誌評出的全美五百家企業的前茅。

上高中時，戴爾為《休斯頓郵報》做收報費的工作賺了二千美元，他用賺得的錢買了他的第一台個人電腦。買回來之後，他就把它拆開研究內部構造。

之後，他又找了一份賣報紙的工作。他認為新婚夫婦是買報紙的最佳對象，於是就找了幾個朋友將最近結婚的姓名和住址記下，然後全部存入電腦，再親自寫信給每對夫婦，同時免費贈送兩週的報紙。

這個辦法果然奏效，不久，他賺了一萬八千美元，買了一輛汽車，看到這個十七歲的孩子支付現金，車商大吃一驚。

第二年，他到堪薩斯大學就讀，像其他的新生一樣，他得自己去賺學費。此刻校園裡的人們都在談論個人電腦，人人都想要一台，但經銷商們將價格抬得很高，人們需要的是價格低廉、功能適合自己的電腦。這時，戴爾敏銳地發現了這一點。

「這些經銷商將價提得這麼高，能賺多少利潤呢？」他沉思著，「為什麼不能將產品從製造商手中直接送到用戶手上呢？」

由於電腦經銷商的價格昂貴無法一下子售完，庫存壓力一定很大，戴爾終於以成本價買下經銷商們的庫存電腦，並且為它們增加了配備來提高其功能。很快的，這種性能更優越、價格卻便宜得多的電腦一上市便供不應求，市場十分看好。

感恩節放假時，戴爾的父母說他們很擔心他的學習受到影響。父親懇切地說：「如果你想做生意，可以在你拿到學位以後再做。」戴爾同意了，但回到休斯頓後，他就感到千載難逢的機會就要擦肩而過了。一個月後，他又開始推銷電腦——這一次做得更起勁了。春季休假時，戴爾向父母承認他仍在做電腦生意，而父母更想知道他的學業怎樣了。

「我不得不放棄學業了，」他答道，「我想開設自己的公司。」

「你到底想做什麼？」父親問。

「跟ＩＢＭ競爭。」他聳聳肩，輕鬆地回答。

「跟ＩＢＭ競爭？」現在他的父母真地為兒子擔心了。

但是戴爾不管父母怎麼說，堅持不改變主意，他還是那句話：這主意不錯，為什麼不去試試。

於是他們達成協議：暑假時他可以開自己的電腦公司，若是不成功，那麼九月份新學期就必須回到學校裡去。

一九八四年五月，戴爾回到休斯頓，用了他所有的存款，開設了「戴爾電腦公司」。他租了一間房子作為辦公室，並雇用了第一名員工——二十八歲的經理來負責財務和經營管理。

戴爾的推銷工作進展順利。他將IBM的電腦都加上自製的配件供應市場。一接到訂單，他就拼命組裝電腦，並以最快速度送到客戶手中。第一個月的銷售額達到十八萬美元，第二個月升到二十六・五萬美元。

一年中，他平均每月賣一千台，為了保持這種成績，他搬到了更大的辦公室雇用了更多的人員。當客戶的訂單達到八百台時，員工們便開始組裝電腦。

為減少庫存和日常開支，零件僅在急需時才訂購。這使戴爾的公司一直保持著較高的利潤比。

到戴爾的同學們大學畢業的時候，他的公司年營業額已達到七億美元。

戴爾停止了原來那種在電腦上加裝配件的方式，而是開始自行設計、裝配、尋找自己的市場。如今，戴爾公司在包括日本在內的十六個國家設立了分支機搆，公司收入達二十多億美元，職員五千五百多名。

戴爾的私人財產估計在二・五億至三億美元之間。

從戴爾身上，我們可以得到這樣的啟示：為什麼不去努力爭取，去實現你的夢想？

一個好的人格特質，在工作上必會有所表現、突破，無論在哪個部門都是別人急於網羅的對象。如果某人老是待在同一個地方，容易守舊，喪失創造力，也會成為包袱對象。

步驟二

用創意
豐富你的工作

Creativity leads to success

創意出自每個人的異常思維和才智。在日常生活中，
每個人都是投石問路者，或難或易、或明或暗，或悲或喜，
彷彿不停地賺紮在一個個「陷阱」之中，
因此用有效的創意撞擊人生火花，成為突破生存的夢想和手段。
抓住創意，就會成為贏家；拒絕創意，就會平庸！這就是說，
有效的創意會使人生變得豐富多彩！

在生活中加強思考能力

美國心智發展學術界領袖——約翰．錢斐博士指出：許多人對思考的過程感到恐懼，認為思考是人的一種天賦的神祕能力，人並不能加以控制。這種觀點顯然沒有道理。

思考並非上天專門賜給有福之人的專利，它是每個人都具有的能力。

心理學家大衛．帕金斯指出：「與任何其他的事情一樣，思考是一種技能，它可以透過培養得到。如果我們不對它們加以培養和開發，它們就會枯萎和凋零。」透過學習和實踐的指導，我們每個人都可以獲得這種能力，並改進這種能力。我們的大腦在活動時是有規律可循的，只要瞭解了這個規律，我們就能在生活的各個方面改善我們的思考能力。

清晰而深刻的思考是一項艱苦的工作，特別是當你在學習如何做時更是如此。

因為人們不願意動腦子，因而他們習慣於對事情的探究淺嘗即止，留於表面，而沒有認識到「懶於思考」不能得到正確的結論。此外，思考的過程是很複雜和難以理解的，我們每天步履匆匆，人與人之間缺乏互動，這種生活對我們思考能力的培養極為不利。

許多人似乎生活在一個與世隔絕的世界裡，他們對他人的智慧視而不見，對能在思考方面給予其幫助的人也置之不理。他們已經對過去和現在的智者失去了興趣，不願意用他們的智慧激勵自己，向自己提出新的挑戰。

實際上，我們這樣做是在傷害我們自己。對此，哲學家喬治・桑特亞那已經反覆告誡過我們：認清方向。

清楚地思考是幫助你解開心靈謎團的工具，試著做一個強而有力的「成熟的思考者」，你就能獲得實現目標、解決問題和作出明智決策所需要的能力。成熟的思考者在其生活的「不銘記過去的人，註定要重蹈覆轍。」「資訊時代」的到來，已對我們的思考能力提出了挑戰。

今天我們已陷於訊息和資訊的包圍之中，報紙和雜誌登載的消息、二十四小時不間斷的電視新聞、電子郵件、郵寄宣傳品以及傳真，時時在向我們傳遞著訊息。

行動電話、網路使我們隨時都能與外界聯絡，而無處不在的電視使我們不時地受到視覺的干擾，影響我們的注意力。

一位美國作家指出：「我們被訊息所包圍，但是，我們渴望著知識。」也就是說，訊息不等於知識，只有人們的大腦依據訊息進行活動並對訊息加以轉化，訊息才能變成知識。

作為一個成熟的思考者，意味著在複雜的現實生活中，他具有運用人類的知識進行正確判斷的智慧和能力。如果我們不知道如何對訊息進行分析、組織、評價和運用，使我們的生活更有意義，而只是掌握了一些訊息，這並不能使我們變得更聰明。這也就是我們為什麼需要改善知識的來源和我們自己的思考過程。

約翰・錢斐博士總結了轉變命運的三條原則：

一、冷靜的思考

如果你缺乏思考的能力，你就無法在職業生涯中有所成就，因為你不能做到清晰地思考，解決複雜的問題，作明智的決定。

此外，無論你提出什麼樣的有創造性的思想都沒有根據，缺乏實施的明確的架構或實際的執行力。你將是一個不切實際的幻想家，註定不能有所作為，由於對自己的認識不足，你的自由將會受到禁錮，因為你不能明確地認識自己的選擇，或從限制你的禁錮中解放出來。

二、創造力

創造能以許多不同的方式豐富人們的生活，幫助人們實現自我，達到生活的和諧及平衡。創造使我們胸懷世界，展現自我。創造性是一種能賦予你生活意義的強大的生命力，它與思考相結合，就能使你在生活中取得成功。

當你用發現和發明的眼光對待生活時，你就能不斷地用你豐富的想像力創造生活。當你的創造自由地發揮時，你生活的每個方面都會發出光彩。你能擺脫習慣的思考模式，每一分鐘都生活得很充實，一切行為表現都很自然。用創造性的眼光看待生活，就能使一切變得更美好。問題成為發展的機會，創新方法是對庸俗慣例的挑戰。

如果你缺乏創造性的能力，那麼，你的思考能力能使你做事有根據、有技巧。但是，你的工作卻缺乏想像力，由於你害怕承擔失敗的風險，因而你不敢大膽地嘗試，你的人生將失去他人的欽羨和仰慕。很快，你就會成為一個稱職但卻缺乏想像力的「工作蜜蜂」，只會循規蹈矩地做事，而不能達到你本應達到的高度。這樣一來，你的選擇範圍就會被你的想像力所限制，你實現自我的道路也就十分狹窄。

三、自由的選擇

人們有選擇不同生活方式的權利，而且，他們的選擇是真正自由時，才能轉變他們自己。要想獲得真正的自由，你必須對你的選擇有明確的認識，並能以此作出明智的選擇。

如果你認為你是真正自由的，那麼，你就會以一種全新的態度重新確定你每天的生活和未來。努力消除對你自由意志的限制，用積極的態度對待人生，你就會看到由於你視野狹隘而以前無法看到的多種選擇。你的未來變得更加廣闊，選擇的可能性和活動的空間更多更大。自由的生活對每個人來說都是至關重要的，它充滿了想像不到的機會，也能帶給每個人成就感。

如果你缺乏自由選擇的能力，那麼，你的思考和創造性也無法使你從失望和沮喪的生活中擺脫出來。雖然你可能有一定的分析和理解力，但你將缺乏面對困難做行為抉擇和坦然面對挫折和險境的能力。雖然你可能有獨特的和有價值的思想，但你卻無法集中精力，施展你的構想，最終你的構想只能化為泡影。

把冷靜的思考，創造力和自由的選擇這三個方面結合起來，能使你具備走向成功的三個要素——明智、有創造性和果敢堅決，進而使你的「自我」達到最理想的狀態。

這三種能力是人生轉變的三項生活原則，它們把你如拼圖般生活的碎片聯結在一起，這些原則能賦予你生存的意義，為你答疑解惑，使你有成就感。

不要局限於一個狹窄的「專業」中

英國作家艾米爾・萊希指出：「在我們這個國家裡，沒有什麼話比『堅持原則』更常用，同樣也沒有太多人懷疑這種回答中所包含的力量和正確性。」「堅持原則」這句好像是不證自明的，合乎邏輯的，因而幾乎沒有人懷疑這樣一點：只要堅持了原則成功准會降臨，這話完全正確，只要你知道在任何場合中，「原則」是什麼的話。

把自己局限於一個狹窄的「專業」中，就是真正的原則？擺脫所有的次要間距和附帶因素是不是等同於「堅持原則」？根據我們的經驗，我們對此做出明確地否定回答。「堅持原則」，就是把自己局限在一處狹小的專門領域，頑固地拒絕採取更寬闊的視野，最終難以成功。

以一般的倫敦商店或辦公室的職員為例。無數的作家說過，英國的職員或技工跟德國同行效率沒法比。

這很可能是對的。但是當人們把德國職員或技工的優勢歸結為他們擁有更多的語言學和其它知識時，我們認為這並未指出真正的原因所在。

事實上英國人，特別是英國婦女在學習語言方面比德國人要強得多。在英國能流利而準確地說法語的人比德國要多得多。而且有好幾種語言英國人掌握得不錯，而實際上德國人卻一無所知，如西班牙語或葡萄牙語，就更不用說東方語言了。

而且就知識量來說，德國工人或職員並不比英國同行們多。從個人知識的廣博程度看，我們會看到英國人所擁有的自然和其他科學知識也是相當豐富的。但是德國職員比英國職員更強這一點卻很難否認。毫無疑問，這種優勢來自於德國職員有更強的適應能力。

他們所接受的教育告訴他，重點不只一個。

生命的「原則」毫不例外的包含著多個要點。生命是由醬汁、香料構成的宴席，可是桌布、玻璃和鋼鐵材料等附屬部分和次要部分也扮演了跟食物一樣重要的角色。

千萬別小看輔助部分。它們之所以成為輔助部分難道不是你自己的觀念造成的嗎?你能肯定你稱之為「輔助部分」不會變成主要部分?

一般的都市職員,在辦公室裡待了兩、三年後,對自己的主要事務的一些細節一點認識都沒有。走進辦公室,你問他最簡單的問題,回答將是:「不知道」。好像「不知道」成了大多數職員的座右銘。

他們還引為自豪。他們成天考慮的就是這個問題,考慮雇主也考慮顧客,他們從不犯錯,從不受其他誘惑,天知道他們還因此而做成什麼!他固守著自己的辦公室和櫃檯,拒絕考慮其他任何事情,他確實堅持了「原則」,但是堅持的都是架子,以至於增加一點內容,他就不知如何行動了。

他本人變成了一個純粹的原則,一個不起眼的、死板的活機器,只知道在資料上做點什麼記號,這種人對雇主來說不外乎是一本記事簿。

那他為什麼不掌握更多的事務方面的知識呢?其實那些店主、商人只要一聽到員工對顧客說「不知道」就立即解雇他,這是最有效的辦法。

一位作家曾經走進倫敦一家專門賣地圖、地理方面書籍和相關物品的商店。當問及一本「數學地理」方面的書的時候,五個店員毫無例外都告訴他:不明白數學地理學是什麼內容。

這些店員都是「堅持原則的人」，他們不僅不知道他們該知道的東西，而且也不想知道。否則為什麼他們不查閱一下科學字典或百科全書之類的參考資料呢？他們只是堅持那些教給他們的，應該堅持的少數幾條關於地理學的觀念。他們因為不適應新的需求，結果當然就失去了顧客。

不要過分相信自己的智商，避免愚蠢的見識

以撒・阿西莫夫在部隊服役時，曾接受過一種全體士兵都要參加的智力測驗，他獲得了一六〇分的高分。

基地上從沒人見過這麼高的分數，而且標準值才一百分，於是阿西莫夫理所當然地被稱為天才。

眾口一致的稱讚並沒有改變他的際遇，第二天，阿西莫夫仍是一名小兵，最高職務也只不過是擔任伙食值勤員，但那種感覺卻是相當美妙的。以後，阿西莫夫一生中一直得這樣的高分，所以他有充足的理由相信自己非常聰明，同時希望別人也這樣看自己。

然而，實際上的問題是：智商高又意味著什麼呢？也許僅僅表明他很善於做智力測驗題，而出題者很可能是智力類型和愛好都跟他類似的人。

他們編制的題目就真的能衡量人的智力水準嗎？阿西莫夫對此表示懷疑。阿西莫夫舉了這樣一個例子。

過去有位汽車修理師，據阿西莫夫估計，這位修理師不大可能在智商測驗中得到超過三十分的成績。

所以，阿西莫夫總是想當然地認為自己比他聰明得多。

然而，每當阿西莫夫的汽車出了毛病，總得急急忙忙地去找修理師，焦急地注視著他檢查汽車的各個部位，對他的分析如聆神諭般洗耳恭聽，而他總是能把阿西莫夫的汽車修好。

阿西莫夫說：「那麼，如果讓這位修理師來主持智力測驗；或者讓一位木匠、一個農夫，再不就是除了學者以外任何一個人來設計題目，結果都會顯示我是一個笨蛋。而且我也真的會是一個笨蛋，如果不讓我使用從學院裡學習來的語言技巧，如果我不得不用雙手去做一些複雜而艱苦的工作……我做得一定很差勁。」

由此可以得出一結論：智商並不是絕對的。

它的價值由社會給予我們的生活環境所決定。智力測驗本來就是由一小部分人決定的，在很大程度上是他們把標準強加於人們的身上。

這位汽車修理師有個習慣，每次見到阿西莫夫都愛說些笑話。

有一次，他從引擎蓋下抬起頭來說：「博士，有一個又聾又啞的人來到一家五金行買釘子，他把兩個手指頭併攏放在櫃檯上，用另一隻手做了幾次捶擊動作，店員給他一把鐵鎚。他搖搖頭，指了指正在敲擊的那兩個手指頭，店員便拿給他釘子，他選出適合的就走了。那麼，博士，聽好了，接著進來一個瞎子，他要買剪刀，你猜他是怎樣表示的呢？」

阿西莫夫舉起右手，用食指和中指做了幾次剪刀動作。

修理師一看，開心地哈哈大笑起來，「啊！你這個笨蛋。他當然是用嘴巴說要買剪刀呀。」接著他又頗為得意地說：「今天我用這個問題把所有的客人都考過一遍。」

「上當的人多嗎？」阿西莫夫急著問。

「不少。」他說：「但我事先就斷定你一定會上當。」

「那為什麼？」阿西莫夫不無詫異地問。

「因為你受的教育太多了，博士，從這一點上就可以知道你不會太聰明的。」

劍橋著名學者羅素指出：懷有各種各樣愚蠢的見識乃是人類的通病。要想避免這種通病，並不需要超人的天才。

下面是羅素提供的幾項簡單原則，雖然不能保證你不犯任何錯誤，卻可以保證你避免一些可笑的錯誤。

1、許多事情不那麼容易用經驗加以檢驗。如果你像大多數人一樣在許多這類事情上有頗為激烈的主張，也有一些辦法可以幫你認識自己的偏見。如果你一聽到一種與你相左的意見就發怒，這就表示，你已經下意識地感覺到你那種看法沒有充分理由。

如果某個人硬要說二加二等於五，或者說冰島位於赤道，你就只會感到憐憫而不是憤怒，除非你自己對數學和地理也是這樣無知。最激烈的爭論是關於雙方都提不出充分證據的那些問題的爭論。

迫害見於神學領域而不見於數學領域，因為數學問題是知識問題，而神學問題則僅是見解問題。所以，不論什麼時候，只要發現自己對不同的意見發起火來，你就要小心，因為一經檢查，你大概就會發現，你的信念並沒有充分證據。

2、擺脫某些武斷看法的一種好辦法，就是設法瞭解一下與你所在的社會圈不同的人們所持有的種種看法。

許多年輕時期在外國住過很長時間的人，都覺得這對削弱狹隘偏見的強烈程度很有好處。

如果你無法外出旅行，也要設法和一些持不同見解的人們有些交往，或者閱讀一些和你意見不同的報紙。如果這些人和這種報紙在你看來是瘋狂的、乖張的、甚至是可惡的，那麼你不應該忘記在別人看來你也是這樣。雙方的這種看法可能都是對的，但不可能都是錯的。

這樣想一下，應該能夠慎重一些。

3、有些人富有想像力，對於這些人來說，一個好辦法便是設想一下自己在與一位懷有不同意見的人進行辯論。

甘地就對鐵路、輪船和機器深表遺憾，在他看來整個產業革命都要不得。也許你永遠沒有機會真的遇見一位抱有這種見解的人，因為在西方國家裡大多數人都把現代技術的種種好處視為當然。

但是如果你想弄懂確實你同意這種流行的看法乃是正確的，那麼一個好辦法就是，設想一下甘地為了反駁現代技術的種種好處而可能提出的論據，進而檢驗一下你自己想到的論據。或許你有時就因為進行這種想像性的對話而真的改變了原來的看法。

即使沒有改變原來的看法，也常常因為認識到假想的論有可能蠻有道理而變得不那麼自以為是了。

4、對於那些容易助長你狂妄自大的意見尤宜提防。不論男人或女人，十之八九都堅信男性或女性特別優越。雙方都有不可勝數的證據。如果你自己是男性，你可以指出大多數詩人和科學家都是男子。而如果你是女性，你可以用大多數罪犯也都是男子來反唇相譏。

這個問題本來就根本無法解決，但是，自尊心卻使大多數人都看不到這一點，不管我們屬於世界上哪個國家，我們大家總是認為我們自己的民族比所有其他民族都優越。既然每個民族都有自己特有的長處和短處，我們就把自己的價值標準加以調整，以便證明自己民族的長處乃是真正重要的長處，而其缺點相對來說則微不足道。

在這個問題上，一位明白事理的人也一定會承認，它沒有明顯正確的答案。由於我們無法和人類之外的智者辯論清楚，所以要處理這個人之做為人的自高自大的問題就更加困難了。

處理這個普遍存在的人類自大問題的唯一方法就是，要經常提醒自己，在茫茫宇宙中一個小小角落的一顆小小星球的生命史上，人類僅僅是一個短短的插曲，而且說不定宇宙中其他地方還有一些生物，他們優越於我們的程度不亞於我們優越於水母的程度。

做一個成熟的思考者

最早完成原子核裂變實驗的英國著名物理學盧瑟夫，有一天晚上走進實驗室，當時時間已經很晚了，看見他的一個學生仍在工作臺上，便問道：「這麼晚了，你還在做什麼呢？」

學生回答說：「我在工作。」

「那你白天做什麼呢？」

「我也工作。」

「那麼你早上也在工作嗎？」

「是的，教授，早上我也工作。」

於是，盧瑟夫提出了一個問題：「那麼這樣一來，你用什麼時間思考呢？」

美國前太平洋鐵路公司總經理威廉・傑佛斯指出：「這個問題問得真好！」在

這方面他有切身的經歷。一次，他搭乘該公司鐵路專車出公差。在某一站，司機到他的專用車廂來找他，有事詢問。當時傑佛斯正忙於擬一份電報稿，所以隨便回應，沒有正面看那司機。司機傲然地說：「你的態度不對，不要把自己弄得太忙。留些時間，萬事都思考周到才是。」說完就掉頭走了。

總經理覺得司機的話一針見血，所以聽了不但不以為忤，反而肅然起敬，就濃縮他話中的精義，製成精緻的卡片，壓在玻璃下，作為座右銘：「人生何必太匆匆，留些時間思考。」

拉開歷史的帷幕就會發現，古今中外凡是有重大成就的人，在其攀登科學高峰的征途中，都是給思考留有一定時間的。據說愛因斯坦相對論的建立，經過了「十年的沉思」。他說：「學習知識要善於思考、思考、再思考，我就是靠這個學習方法成為科學家。」

偉大思想家黑格爾在出書之前，曾緘默六年，不露鋒芒，在這六年中，他是以思考為主，專研哲學。哲學史家認為，這平靜的六年，其實是黑格爾一生中最重要的時刻。

牛頓從蘋果落地匯出了萬有引力定律，有人問他這有什麼「訣竅？」牛頓說：

「我並沒有什麼方法，只是對於一件事情作長時間的思索而已。」由於德國數學家高斯，在許多方面都有傑出的貢獻，有人稱他為「數學王子」，而他則謙虛地說：「假如別人和我一樣深刻和持續地思考數學真理，他們會做出同樣的發現的。」

希臘哲學家蘇格拉底是人類有史以來最早的思想家，在他的學生柏拉圖記錄的《對話》中，他深遂而明晰的思想永垂青史。在他的出生地雅典，作為一位著名的老師，他創建了自己的學院，並在數十年的時間裡，教育年輕人如何透過辯證的提問分析重要的問題，這就是名揚後代的「蘇格拉底法」。在七十歲高齡時，蘇格拉底被當政者認為是一位製造麻煩的危險分子。因為根據他的教誨，學生們對統治者的權威產生了疑問，提出了很多令當政者難堪的問題，對他們的統治造成了極大的威脅。

於是，統治者向蘇格拉底發出了最後的通牒：要他離開他所生活的城市，永不回來；或者被處以極刑。蘇格拉底沒有選擇離開他熱愛的雅典以及他所創造的生活，而是選擇了死亡。當著他親人和朋友的面，蘇格拉底平靜地喝了一杯毒茶。他堅信離開雅典就會違背理性的道德，而他正是以此為基礎建立生活和教育學生的。他寧願結束生命，也不願意犧牲他的信仰。臨刑前，他說了這樣一句話：「現在是我們分別的時候，我將死去，你們將活著。只有上帝知道哪一個更好。」

特別是在今天，我們都需要學會思考，像哲學家那樣從現代的意義上建立分析問題的哲學架構。你認為誰是成熟的批判的思考者？作為成熟的思考者，他們應該具有活躍的、充滿活力的思想。一般來說，應具備以下的特性：

◆寬容：在討論中，他們認真聽取每一種觀點，對每一種觀點都給予認真和公平的評價。

◆有學識：當他們談自己的看法時，總是以事實和根據為基礎。另一方面，如果他們對某件事還不太瞭解，他們會承認這一點。

◆思維活躍：他們積極主動地運用他們的智力來面對問題，迎接挑戰，而不是簡單地被動地應付局面。

◆好奇：他們對問題喜歡追根究底，深入鑽研，而不是滿足於表面。

◆獨立思考：他們不怕與他人的觀點不一致，他們的信仰都經過認真的分析，而不是不加批判地借鑒他人的信仰，或簡單地跟隨。

◆善於討論：他們以一種有條理和理智的方式對他人和自己的看法展開討論，

即使大家對某些問題的看法有分歧，他們能認真地聽與自己相反的意見，並在深思熟慮的基礎上談自己的看法。

◆有見識：他們對問題的看法能一語道中，當別人在細節上糾纏時，他們能抓住問題的實質，既見樹木，又見森林。

◆自我意識：他們能意識到自己的偏見，並能在分析問題時，很快自我反省糾正。

◆有創造性：他們能打破思考的常規，以創新的方式解決問題。

◆熱情：他們強烈地渴望瞭解和認識，總是努力的徹底瞭解問題。

發揮創造力的十大要點

創造力是人類智慧的重要組成要件之一，充分發揮人類天賦能力，是進行創造性工作的必要條件。怎樣才能培養自己的創造性思考能力呢?要想充分發揮創造力，樹立創新意識，必須克服以下幾種常見的障礙。

一、突破習慣或常規的束縛

在日常生活中，那些曾經在實踐中被證明是有效的方法和對策可能成為一種習慣，或稱常規，而我們對許多事情的處理都是由這種習慣或常規來決定的，因而在企業和機關裡，許多日常工作都有一定的慣例程式，但這種按慣例行事的做法不一定都能取得最好的效果。

這種單憑習慣或先例來決定思考和行動的方式，往往忽略了隱藏著的創造契機，它對創造力的發揮是不利的。我們應該凡事多問問：「為什麼要這麼做？」「如果沒有這一部分，將會怎樣？」只有追根究底，才能找出改進的途徑。

二、把批判力和創造力統一

一般人認為，批判力和創造力就像油和水不能相混一樣，也是難以妥協的。實際上，在創造活動中，這二者正是重要的合作夥伴。

在日常的生活中，人們會遇到許多創造的機遇，但能否做出創造，這不僅與環境有關，更重要的是與人自身因素有關，與是否正確地處理這「批判力」和「創造力」的關係有關。批判力一般是否定性的，而創造力則是一種由希望和熱情、勇氣和自信心組成的向上的心理狀態，是肯定性的。如果創造力在你的頭腦裡佔據了主導地位，你的腦子一定會變得靈活起來。反之，如果老是用否定的眼光來看待事物，那就必然會妨礙創造力的發揮。

二者看似水火不相容，其實是必須結合的。批判和判斷只以眼前的事實作為依據，它們更多地是傾向於保守地維持現狀而不是傾向於前進。而創造力的目標則是未知的事物，開啟想像的機器，並努力把「不可能」的事物轉變為可能的。

三、穿透表面現象

由於經驗的積累，人們對於某些事情往往自以為「見微知著」，這就會帶來一種弊病——單憑表面來判斷一切，不作更深一步的思考。

例如，小王在公司裡任辦事員，工作勤懇，每天大家都下班了，他還在處理一些沒有辦完的工作，就連週末假日也不例外，大家都感到他的工作熱情很高，這種人理所當然地常常受到讚揚。可是，如果從工作效率或具體的工作方法上來看，那他就不值得表揚，因為唯有他一人每天要來加班來工作，如果不是自身就是工作中或許有什麼毛病。

只有全面地看待事務，透過現象看本質，才能正確地瞭解情況，準確地收集訊息，給發揮創造力創造條件。

四、超越經驗和專業知識

一家規模不大的建築公司在為一棟新大樓安裝電線。在一處地方，他們要把電線穿過一根十米長、但直徑只有三英吋的管道，而且管道是砌在磚塊裡，並且拐了四個彎。這對非常有經驗的老工程師來說都感到束手無策，顯然，用常規方法很難完成任務。最後，一位剛剛參加工作不久的青年工人想出了一個非常新穎的主意：他到市場上買來兩隻白老鼠，一公一母。然後，他把一根線綁在公鼠身上，並把牠放在管子的一端。另一名工作人員則把那隻母老鼠放到管子的另一端，並輕輕地捏牠，讓牠發出吱吱的叫聲。公鼠聽到母老鼠的叫聲，便沿著管子跑去救牠。牠沿著管子跑，身後的那根線也被拖著跑。因此，工人們就很容易把那根線的一端和電線聯在一起。就這樣，穿電線的難題順利得到解決。

那些老工程師雖然有著豐富的經驗和專業知識，但遇到新的問題卻容易一籌莫展。所以，創造力並不一定和技術水準、專業知識成正比。

現代科技的特點是專業分工越來越細，而具有廣博的知識，能利用綜合性學術觀點來解決問題的卻越來越少。雖然專業面越小越有利於使研究深化，但隨之而產生的另一個問題是由於視野狹窄而使創造力大受影響。

深度和廣度看上去是矛盾的，但在實際中卻是相互促進的。專業知識過於集中，就不容易看到科學發展的廣闊背景，也容易忽視一些有啟發意義的重要情報，因而難於實現創造性的飛躍。

五、積極思考解決問題

人有一種惰性，就是對各種變化有一種本能的抵制。人們老是說：「這是不可能的」，「那是不實際的」，總愛把現實存在當作最合理的狀態，把創造力未能充分發揮也看作是正常現象。一旦有人要對現狀提出挑戰，便會受到各種責難，甚至被看作「不切實際」、「怪胎」等等。

西方有句諺語說：百分之五的人主動思考，百分之五的人自認在思考，百分之五的人被迫進行思考，而其餘的人一生都討厭思考。這話未必正確，卻在一定程度上說明了人們有迴避思考的傾向。

六、主動培養創造意識

創造力絕非像神話中所描繪的那樣會在某天早上突然降臨到你的身上。

創造力是靠充沛的創造慾望和強烈的創造動機來驅動的，許多的觀察和研究證明瞭這一點，創造動機不足的人，無論你怎樣激勵都不會有什麼大的成果。創造力是個人內在的素質，必須靠自己去培養。而動機意識薄弱正是創造力埋沒和退化的主要原因。

松下電器公司的創始人松下幸之助和本田技術研究所的本田宗一郎，以及提出噴射發動機設想的懷特等人，他們不甘於滿足現狀，執意進行改革，正是由於這種「執著」的信念讓他們成功了。

七、超越消極情緒

如同人的思考能力一樣，情緒也是人的一種天性。這種天性常常會阻礙創造力。情緒性障礙會使你頭腦簡單化，擾亂你的創造性思考，容易鑽進牛角尖。此外，怕失敗，怕被嘲笑、怕被批評被孤立的恐懼心情，都會使你的創造力受到壓抑。

八、保持好奇心

在日常生活中，許多人總是認為一切都平淡無奇，沒有什麼值得特別注意的，這種人即使接受新的情報訊息也往往會忽略過去。而另一種的反應就大不一樣，他們對於事物總抱有一種新鮮感，哪怕是細枝末節的小問題，也不放過，總想多知道一些東西。這就是好奇心強的表現，就像砂粒刺激了河蚌進而產生了珍珠一樣，好奇心激發了發明家的創造慾望。

古往今來的無數事實表明，只有那些具有孩童般好奇心的人，渴望地追求新知的人，才可能做出發明創造。

九、克服跟從心理

人作為團體中的一員與大家工作、生活在一起的時候，往往會讓某種形式來改變自己個性。雖說組織起來的人們不一定要求每個成員都是同一種類型，但在同一組織或團體中的人往往有一種「必須這樣行動」的約束，而實際上，人是各有其特點的，對於同一件事，各人可以按自己的方式來處理，這比強求一律的方式要好得多。

當遇上一些自己也無法理解的做法時，人們往往會用「大家都這麼做，我也只要照辦就行了」用這種簡單的理由來說服自己，這就難免走進因循守舊的死胡同。

十、活用書本知識

有著較高的文化知識，並不一定就能解決問題。當然，如果是應付考試，那是很有用的，但考試只能測定你學習的程度，和創造力是大不相同的。

在實際工作中，有些問題光憑「知識」是無法解決的。當然，也許你曾受過從事某項工作的業務訓練，或有一本關於從事某項工作的「手冊」之類的東西。但你仍無法從中得到有關創造性工作的訓練。

在學校裡常常有這樣的情形，當老師表示下次要問一些問題時，學生的第一個反應往往是問「該看些什麼書呢？」這樣學生對書本的依賴性太強，縱然「滿腹經論」，在實際工作中仍可能一籌莫展。所以，不要拘泥於書本知識，更重要的是鍛鍊自己靈活運用所學的知識來解決實際問題的能力。

步驟三

找到實現自己夢想的途徑

Creativity leads to success

「成功」意味著將自己的天分與潛在的能力發揮出來，
以實現自己的人生目標。在我們生活的許多領域裡，
創造意味著生存。世界變化如此之快，僅靠老思想很難跟上。
十年前，任何技術工程師所學的知識在三年內就會有一半被淘汰。
如今這一週期變得更短了。因此，對創造的要求也越來越迫切了。
只要善於用腦，肯於思索，生活中到處都有實現自己夢想的途徑和機會。

擁有發展性的正確的思維方式

不管男人還是女人，誰都想出人頭地成就一番事業，期望在工作和其他領域取得成功。

真正的「成功」就是自覺地去發揮自己所擁有的全部能力。更具體地說，「成功」意味著將自己的天分與潛在的能力發揮出來，以實現自己的人生目標。

然而，成功與否的決定因素是精神上的準備，這種精神準備不是父母所賜，也非金錢可買，而是加強自身心理素質鍛鍊的結果。人生在世，面對人世間的各種問題，應該學會擁有發展性的正確的思維方式。

▼強烈的自我動機

動機來自自身的鼓舞和行動激發。根據自己的想法、需要、感情或心理狀態，主動地促成自己的行動。可以說沒有成功的願望，就沒有成功的行為。

成功者總是自覺培育強烈而積極的動機。他們能自己選定目標，向想要發揮作用的方向努力，很少灰心喪志，即使有時出現失望、沮喪的情緒，他們也能夠從自身內部湧出力量，稍加排解就又能繼續向自我實現的目標邁進。

成功者積極的自我動機有兩個來源：第一，個人的和現實的自我期望。第二，無論恐懼還是願望都是最高的刺激劑，當恐懼和願望同在心中時，恐懼是有破壞性的，而願望則引導你實現目標，取得成功，得到幸福。他們集中注意力於成功的報酬，並積極地跳出畏懼和失敗的糾纏。成功者總是說：「我想……」、「我能！」

▼摯熱的自我期望

期望——對未來的事物或前途有所希望和期待。成功者期望成功。他們把生活看做一場非常真實的競爭，而不僅僅理解為簡單的冒險。他們期望成功更懷有想要成功的慾望，懂得成功是由自己去創造的自我控制和準備成功的信念為前提。

生活中的成功者相信自己預言的能力，保持著努力向上的目標，期望一個較好的工作，保持健康的身體，收入能有不斷的增加，有熱情的友誼和新的成功。成功者總是把問題看做向能力和決心挑戰的機會。一種摯熱的期望是產生向上力量和贏得「好運氣」的最實在的方法。

人生本來就應為實現自己的預言而存在；人所能獲得的都是他曾想像描繪的東西。成功者總是豪情滿懷：「今天做得不錯，明天肯定更漂亮！」只要我們活著，就應經常嚮往著最美好的前景，在心裡刻畫它，想像它。這樣我們就能夠既從精神上也從肉體上做好迎接成功的準備。

▼明確的自我調節

生活中的成功者信奉現實的自我調節，設計生活中的目標。他們有著合理的生活計畫、完整的目標和任務，每一天的工作任務明確。

他們日復一日地努力著，決心達到確定的目標，得到想要得到的一切。他們在邁向成功的道路上懂得自我指揮。

曾有人巧妙地把人比喻為一條船。在人生大海中，很多人像無舵的船，他們總是幻想著「什麼時候能漂到一個富裕繁榮的港灣」。對風浪海潮的起伏變化，他們束手無策，只有任其擺佈，聽其飄流，結局大多是觸礁或擱淺。但那些成功者，他們把時間用在實施計畫、確定目標和航向上，研究了最佳航線，學習了航海技巧揚帆遠航，從此岸到彼岸，有計劃地行進。那些無舵的船一輩子航行的距離，他們只要兩、三年就到達了。

成功者的自我調節，關鍵在於建立一個清楚的、明確的行動計畫和目標，並經常思考調整，在完成計畫和達到目標中贏得成功。

激發「好點子」的三項原則

「我這個人不行，想不出什麼好方法。」這是要求一個人提出方法時，常會得到的典型答覆。

這種觀念已經證明是錯誤的。英國劍橋大學有過一個研究計畫，把選修思想運用課程的研究生，與未選這門課程的研究生分成兩組加以測驗。結果顯示，選課的一組在產生新穎有用主意的能力方面平均比另一組強百分之九十四。一位研究人員指出，除去各種「開竅」練習外，更要緊的是掌握三項原則。

1、清楚認定問題。這聽起來很簡單，但是即使表面很簡單的問題，也未必說得很明確。

一個年輕母親問老師：「怎麼才能讓我兒子早餐時吃雞蛋呢？」

老師反問：「妳為什麼要他吃雞蛋？」

答覆是：「因為雞蛋富於有幫助身體發育的蛋白質。」

因此正確的目標應是：怎樣才能幫助孩子得到足夠的蛋白質？不久以後，這個孩子，就不必再為吃雞蛋而反抗，因為他們有了最喜歡的食品——牛肉餅了。

2、考慮一切可能的解決方法。明智的決定來自許多可行方案的抉擇。

3、暫時擱置問題。在經過一段長時間似乎徒勞無功的努力以後，最好暫時把問題轉交給潛意識。我們腦中非常複雜的計算機會在潛意識裡進行神祕的計算，可能會在一天、一星期或一個月裡，一個答案可能突然湧上心頭。

喬治・西屋為了解決一長列火車同時停住的問題，焦思苦慮了好幾年。後來他讀到壓縮空氣用管子輸送到幾哩以外的山中鑽鑿機的報導，答案有了：他要用管子把壓縮空氣輸送到每一節列車中，用空氣剎車使它們停住。

不過這種靈感是長期準備和思考以後得來的。如果其他條件相同，在他那一行裡知識最豐富的人，將是最富創造力的人。

有些人總悶悶不樂，做起事來不能乾淨俐落，如果有人問他為什麼如此窩囊？他可能回答說原因很多，但又不能一一回答。

事實上，他所說的原因，往往不是「由於思考以後，仍然不能解決」，而是因為不能解決，才開始胡思亂想。

當然，由於想不出對策，就苦惱得很，根本談不上如何採取正確的行動。

本來，一個人在做事以前，無法完全考慮到可能發生的事情，所以，某些問題應該暫時擱在一邊，這是讓人不為事情所困擾的最好方法。

圍棋界有這樣一句話：「下不好的棋，先放著不動」，講的就是這個道理。反正怎樣下都不討好，何不暫時放在一邊而另辟天地呢？

大致上來說，人可分為「衝動型」與「熟慮型」兩種類型。衝動型的人，反應迅速，可惜錯誤很多；熟慮型的人，反應緩慢，唯錯誤較少。這兩種類型各有優劣，倘若都能學習「暫時擱置」的技術，則可以吸收兩者之長。

當然，所謂暫時擱在一邊，並非把事情忘得一乾二淨，而是集中精力於可以有所作為的方面。如此一來，即使是一個非常優柔寡斷的人，也能安心採取行動。

穿越創造力的盲點

在我們生活的許多領域裡，創造意味著生存。世界變化如此之快，僅靠老舊思想很難跟上時代。

十年前，任何技術工程師所學的知識在三年內就會有一半被淘汰掉。如今這個週期變得更短了。因此，對創造性的要求也越來越迫切，甚至連如何避免夫妻關係中的矛盾都需要有創造性。

幸運的是創造力並不神祕。諾貝爾獎得主物理學家阿伯特・森特認為：「創造和發現即是見他人之所見，想他人之不想」。

怎樣才能「想他人之不想」呢？通常它只在頭腦中一閃而過，牛頓發現萬有引力就是一例。蘋果落在他的頭上使他領悟了萬有引力規律。這種機會可來自重大事件，如失去工作；也可來自小事情，如想要得到一張參加晚宴的入場券。

邁克亞瑟教授指出：要想有所創造、有所發現，就必須穿越創造力的盲點。這些盲點包括：

▼相信唯一正確答案

從進入學校的第一天起，老師就告訴我們每一問題都有一個相對應的正確答案。然而許多重要的結論都是開放性的。如：「失去工作了我該怎麼辦？」明顯正確的答案應該是：「重新再找一個。」但是另一個也正確：「回到學校去，學習新的知識。」第三條則同樣正確：「開創自己的事業。」

只要尋找第二條答案就可以開創你需要的新方法。法國哲學家艾米爾・查特依爾說：「僅有一種想法，比任何事情都可怕。」

▼輕視模糊思維

毫無疑問，邏輯思維方法能將新思想置於死地，因為它排除了看來似乎矛盾的各種可能性。模糊思維像一塊自由的天地，在這裡，新思想能夠很快地發芽。模糊思維能夠在不同的事件和情境中發現相似和聯繫。

一位經理一直用合乎邏輯的方法思考著他的公司究竟出了什麼偏差，但百思不得其解。後來他想出了一個比喻才解決了這一問題。「我的公司就像一艘沒有鼓手的龍舟，大家都在用力划，一些人的槳剛剛划到一半，而另一些人卻已划完。」結果這位經理重新指揮，使公司更順利前進。

▼囿於常規

要想獲得新思想，你就必須隨時打破那些毫無意義的常規。諾倫•布瑟內爾有限公司的創建者是一位富於獻身精神的常規反抗者。他發明了電視遊戲。一次他想發明一種更富有樂趣的彈珠遊戲。按常規，這種遊戲的面板只有二十六英吋寬。很長一段時間內他遵守著這一規則無計可施。最後，他打破了這一常規，將遊戲面板的寬度增加到三十英吋，進而創造了提高這種遊戲的趣味性。

▼受「實際情況」的約束

要想發展想像力，首先需要的是各種假設，而不是狹隘的實際。「如果……將……？」的自問能夠將你引進可能性的領域。

一家化學公司裡的一位工程師出人意料地問同事們：「如果在牆壁上塗上含有火藥的塗料將會怎樣呢？當它幾年後開始剝落時，用一根火柴就可以將它統統燒掉。」當然房子也許會同時燒毀，可是他在問那些不受所謂實際束縛的同事們，他們開始思考。結果可能啟發他們想出一種添加劑能夠使塗料很容易地清除。這家公司現在正在進行這項實驗。

▼害怕失敗

如果你正駕駛著一架噴射飛機，那麼最好不要出現任何失誤。然而，如果你正尋找一種新的想法，你需要的卻是承受失敗的精神。

截止到一九七九年，波士頓紅鞋劇團的明星卡爾・亞斯特已收集了整整三千件觀眾丟到臺上的東西。亞斯特說：「在我的生涯裡，我已經挨了不下一萬次的打。這也就是說，我失敗過至少七千次。而這個事實能夠使我保持頭腦清醒。」

他清楚地體認到，成功和失敗是同一過程的兩個方面。錯誤不過是創造過程的臺階。通用電器商業公司的創始人湯姆斯・沃特里說過：「通往成功的路，就是把你失敗的次數增加一倍。」

▼不能把生活中的經驗應用到工作上

新想法幾乎總是來自人們的專業之外。這就要求我們要成為涉獵者。成功的涉獵者的涉獵範圍很廣，並有一雙敏銳的慧眼。這樣才能不放過任何獵物。

麗莎在一個實驗室工作。他們正在進行研發一項新型太陽能材料試驗。她想用高速水刀將這種材料準確地割開。但是每次試驗結果總是使材料扭曲。在家裡，她看丈夫製作木櫃櫥時注意到：每當他想準確地鋸某種木料時，他都會調整鋸子的速度。於是她把這種方法用於實驗上，結果成功了。

富於創造的人必須是萬事通，對每件事都感興趣，必須認識到在某一領域裡學到的東西很可能在其它領域裡也有用。在家裡我們都是萬事通。我們同時是廚師、設計家、教師、園丁和雜工。家庭是富於創造的場所。每個操持家務的人在家裡平均每天碰到的創造機會，比一個中級經理在公司裡一個月所遇到的還要多。

▼缺乏創造性的自信

我們當中的大多數人都有這樣一種想法，認為創造是藝術家和發明家的事。如果將自己列為無創造性這一類，就會處於一種自我安慰的心理狀態。一個認為自己在日常生活中無所創造的人，在重大問題面前將不可能做尋找創造性答案的嘗試。

一家原油公司雇用了一批心理學家，想要找出為什麼研究部門和發展部門裡一部分人比另一部分人更有能力。三個月的研究使心理學家們得出了這樣的結論：有能力的人認為自己有創造能力，而沒能力的人卻認為自己沒有。

自信是創造的基礎，因為任何一種新思想都將使你成為先驅者。一旦將其付之於行動，你就要一個人獨自承擔失敗和受嘲弄的風險。

正確地進行思考，保持思維的靈活性

出類拔萃的人不是天生的。

他們之所以成為非常成功的人，成為時代的先行者，重要的原因在於他們的思想觀念，在於他們的思考方式和行動方法。

成功的人士一般都具有下列特徵：

◆善於擬定目標。成功的人士不僅要想得到一場比賽或下一場比賽的勝利，而是自始至終都爭奪冠軍。他們有一個激勵自己努力和行動的長期目標。

◆發揮潛能。確定目標後，重要的是腳踏實地的行動。在行動過程中，成功者充分認識到了要充分發揮自己的才能。心理學家馬斯洛相信每個人都有一種

「自我實現」的傾向，就是說每個人都會積極要求表現潛能。

◆合作精神。成功者一般都具有合作精神，因為合作能充分地施展才能，實施抱負。如果不善於或不願意合作只會失敗或功虧一簣。

◆不畏失敗。很多名人的奮鬥經歷中，都有過受挫折的經歷，但他們大多卻認為：「開始時出錯並不等於失敗。」挫折能激起更大的決心，使人「經一事、長一智」。無論事情如何困難棘手，成功者總認為還有別的辦法可想。

◆改正習慣。要不斷地檢討自己的缺點，把討人嫌的作風和習慣改掉，把自己的優點和特長在工作和生活中表現出來。

◆謙謙君子。成功者都會很謙虛，聖人都難免有過錯，何況是一個普通人！因此，當別人糾正自己的錯誤和缺點時，一定要虛心接受。

◆自知之明。先行者在思想觀念深處總能自知。所以，人最好經常反省自己是否過於拘謹，過於驕縱，過於保守，過於苛求？或者自己給人的整體印象如何呢？

◆敬業精神。要有敬業樂業的精神，一個人樂業就會勤奮，不會覺得日子難過；也只有樂業，才能把事業做好，做出成就來。

◆適可而止。一個人鋒芒要露，但不要「太露」，否則易遭嫉妒。當你提出自己的見解後，別人自然會知道你的見解好不好。因此，你就不要再批評別人的意見了，貶人以褒己，大大不該。

◆順乎自然。凡事要盡本份，一切讓其自然發展。盡人謀，順天命，該來的自然會來，該有的自然會有。如果過分強求，則往往會事與願違。

◆尊重別人。你要想得到別人的尊重，你首先就得先尊重別人。態度要誠懇，別故意使人難堪；尊重別人的意見，同情他們的困境。

其實，成功者大多數都是普通、平常的人，他們之所以成為非常人物，是因為他們懂得培養我們每個人都有的天賦——如德國詩人歌德所說的「天才，精力和魅力」。

不斷創新是卓越

劍橋大學的學者在分析傑出企業家成功的祕訣時，提出一個耐人尋味的命題：「不斷創新是卓越」。那麼，怎樣才能做到不斷地創新呢？他們認為：「思考比數字依據更為重要，發揮智慧遠優於理性，行動比分析更為迫切。」

一、思考比數字依據更為重要

其道理是顯而易見的。數位只代表著已經逝去的事物的狀態，是事物的「僵屍」；思考，是新生事物的靈魂。要想不斷地創新，就要不斷地思考。數字不是沒有意義，沒有作用，但是無論如何它只能作為參考，不能作為唯一的行動依據，以免有意無意地忽視了那些往往具有重大意義或重大作用的變化著的因素。

二、發揮智慧遠優於理性

難道可以失去理性？當然不是。而是說，從整體角度出發，有時有必要不去過多地及為主地首先關注理性，而是使智慧得到超常規的自由，使整體的理性得到保障。譬如，當一個工廠面臨巨大的危機，如果不立即實行搶救，就可能導致「全軍覆沒」的嚴重後果。

這時，你如果身為領導者，自然可以發出指令，儘管表面看來，這種命令甚至是非理性的、固執的、偏頗的或者是屬於直覺的，但其結果卻可以使工廠免於滅頂之災，所以又是符合高度理性的，堅定的，全面的，果斷的，和富於大智的。因為有時候，事物的各個方面並不總是一種形象，只具有一種評價；還有的時候，有些事物的暫態性，不允許你以理性的審度方式慢條斯理地解決，這時，發揮智慧的優勢和技巧就顯得特別重要，哪怕為此而一時失去理性的形象。

三、行動比分析更為迫切

這是當代生存智慧的重要特徵之一。行動更為迫切，是為了把握行動時空權，有時，瞬息萬變的形勢，根本不允許你先做一番細緻入微的分析再決定是否行動。

但並不是說不要分析，一是在可能的情況下，一面開始準備性的，調節自由度較大的動作；一面快速地進行分析，實行決策，以便使自身處於有利的時空位置：進則能進，退則能退。一是先行動後分析；當行動可以分解為一個足以取證其價值的單元時，就可以這樣去做。例如一般輕工產品的改型或新潮服裝樣品的推出等等，即非常適合採取這種方式。

很顯然，要不斷地創新，同時使這種創新的價值達到卓越的水準，是需要具備上述三項應急性處理問題的方式和素質。

步驟四

樹立
強大的自信心

列夫．托爾斯泰説：「決心即力量，信心即成功。」

幾乎每位成功人士都是非常有自信的人。

自信，可以使你精神振奮、勇於進取、戰勝困難。

所以，必須積極尋找自我解脫之路，走出自卑的心理障礙，正確認識自己，充分發揮自己的潛力。

自信是一種值得追求的心理品質

成功的關鍵是態度，美國成功學大師史帝芬・柯維指出：「人們都希望獲得成功，都在探索成功的奧祕，其實，這也許比你想像的簡單，因為，我發現那些成功的人們——奧運選手、商業界總經理、太空人、政府領導人等等和其他人們中間有著一條明顯的界線，我稱其為成功者的邊緣。這個邊緣並非特殊環境或具有高智商的結果，也不是優等教育或超人天賦的產物，更不是靠時來運轉。成功者的關鍵，我認為是態度。」

柯維認為，成功者的態度包含眾多的成分。但是，最重要的是具有自信心。要做到這一點，你必須奉行三個重要的箴言：

一、對自己的行為負責

種瓜得瓜，種豆得豆。我們所得的報酬取決於我們所做的貢獻。有責任心的人關注的是那些束縛自己的枷鎖，在關鍵時刻一舉突破。

喬·索雷諾在市中心的貧民區長大，是一夥小流氓的首領，並在少年感化院待過一段時間。但是，他一直記著一位七年級教師對他在學術方面能力的信任。他覺得他成功的唯一希望就是拋開他那段待在少年感化院的過去，完成學業。

於是，他在二十歲的時候重返夜校，繼續在大學就讀，並以優異成績畢業。接著，他又選修了哈佛大學法律課程，成了洛杉磯少年法庭裡出色的法官。假如喬·索雷蒂諾沒有勇氣改變自己的命運，那麼，這一切都是不會發生的。

二、發現自己的才能，追求自己的目標

在莎士比亞的著名戲劇《哈姆雷特》中，大臣波洛涅斯告訴他的兒子：「重要的是，你必須對自己忠實；就像有白晝才有黑夜一樣，對自己忠實，才不會對別人欺騙」。波洛涅斯在勸告兒子要根據自身最堅定的信念和能力去生活，即去正視不同的世界。但是，必須尊重他人的權利。

然而，大多數人總發現自己在虛渡光陰。怎樣做才能不虛渡一生？知道自己選擇了合適的職業或適當的目標呢？

柯維的研究結果和經歷證實，與其讓雙親、老師、朋友或專家為我們制訂長遠規劃，還不如自己來瞭解一下我們「專長」做什麼。

微軟公司總裁比爾・蓋茲的最高文憑是高中，因為在哈佛大學他沒有讀完就經營他的電腦公司去了。他及早發現自己的長處，並果斷地去經營自己長處的人，而成為世界首富。

人生的訣竅就是經營自己的長處。在人生的座標裡，一個人如果站錯了位置，用他的短處而不是長處來謀生的話，那是非常可怕的，他可能會永久的沉淪在卑微和失意之中。因此，對一技之長，保持興趣，相當重要，即使它不怎麼高雅入流，也可能是你改變命運的一大財富。

在選擇職業時同樣也是這個道理，你無須考慮這個職業能給你帶來多少錢，能不能使你成名，你應該選擇最能讓你全力以赴的職業，應該選擇最能使你的品格和長處得到充分發展的職業。

這是因為經營自己的長處能為你的人生加分，經營自己的短處會使你的人生無趣。佛蘭克林說：「寶貝放錯了地方便是廢物。」就是這個意思。

三、不逃避現實，要適應環境

壓力之下，我們許多人會變得沮喪，失去對生活的嚮往和追求，而沉溺於酗酒，大量地抽菸或依賴藥物。酒精和其他藥物可以暫時減少我們對失敗和痛苦的畏懼心理，但也阻礙了我們去學會承受這些壓力。

適應生活壓力的最好方法之一，就是簡單地把它們視為正常的東西加以接受。生活中的逆境和失敗，如果我們把它們視為正常的狀況來看待，就會幫助我們增強免疫力，防禦那些有害的、特別要注意的反應。

約翰．加德納在他的《自我恢復》一文中指出：生活中成功者的成長不是靠運氣，而是一切源於理智。

總而言之，失敗者乞求機遇降臨，成功者致力創造未來。

自信能使你的人生更精采

▼人生跟著自我認定走

海菲參加同學會時，突然被要求談一些有關最近盛行的歐洲旅遊的話題。由於這是他第一次在眾人面前講話，所以話中常有斷續和緊張的情況出現。

但是，同學會結束後，其中有一位老同學跑來跟海菲說：「你所講的內容非常有趣，希望以後有機會能再聽你講。」

在被這位老同學恭維之前，海菲從未想過嘗試在公眾面前講話。於是，他開始覺得自己並不是那麼差勁，對自己的演講才能又多了一份信心。後來，海菲竟然成為企業經營問題的專門演說家了。

海菲認識到：我們常常會一味地認定自己是個什麼樣的人，卻無視於這樣的認定是否正確而影響了我們的人生。比如說，你堅決相信自己不聰明，那麼這個信念就真的控制了你的腦子，使它無法聰明起來。這跟學習的方式不對而導致學不好是不同的，因為當有了好老師在一旁指點，學習成效便能很快地進步。

大多數人認為改變學習方式並不是件難事，可是對於改變自己「改變認定自己是個什麼樣的人」卻認為簡直是件不可能的事，這也就是何以我們會常聽到人們這麼說：「我就是這種個性，改不掉啦！」人生若是持這種態度，就是在扼殺可能的機會，讓自己留下永久而無可改變的問題。

下面的故事，從另一方面詮釋了同樣的道理：

有一天，一位禪師為了啟發他的門徒，給他的徒弟一塊石頭，叫他去菜市場，並且試著賣掉它。這塊石頭很大，很好看。

但師父說：「不要賣掉它，只是試著賣掉它。注意觀察，多問一些人，回來告訴我在菜市場它能賣多少錢。」

這個人去了。在菜市場，許多人看著石頭想：它可以作很好的小擺飾，我們的孩子可以玩，或者我們可以把這當作稱菜用的秤砣。於是他們出了價，但只不過幾個小硬幣。徒弟回來說：「它最多只能賣到幾個硬幣。」

師父說：「現在去黃金市場，問問那兒的人。但是不要賣掉它，光問問價。」

從黃金市場回來，這個門徒很高興，說：「這些人太棒了。他們願意出到一千塊錢。」

師父說：「現在你去珠寶商那裡，但不要賣掉它。」

他去了珠寶商那裡。他簡直不敢相信，他們竟然樂意出五萬塊錢，他不願意賣，他們繼續抬高價格——出到十萬。

但是這個人說：「我不打算賣掉它。」

他們說：「我們出二十萬、三十萬，或者你要多少就多少，只要你肯賣！」這個人說：「我不能賣，我只是問問價錢。」

他不能相信：「這些人瘋了！」他認為菜市場的價已經足夠了。

回來後，師父拿回石頭說：「我們不打算賣了它，不過現在你明白了，看你是不是有試金石、理解力。如果你是生活在菜市場，那麼你只有那個市場的理解力，你就永遠不會認識更高的價值。」

你瞭解自己的價值嗎？不要在菜市場上尋找你的價值，為了「賣個好價」，你必須讓人把你當成寶石看待。

現代社會最為流行的神話之一就是：我們可以得到我們心中所期盼的一切。如果你的願望十分強烈，你也可以成為百萬富翁、開設一家公司或成為總經理。

人生奇妙，不管我們怎樣認定自己，哪怕那種認定是不好的或有害的，最終我們的人生必然會跟著那種認定走。我們每個人都擁有無窮的能力，只要我們能夠改變對自我的認定就行了。

▼自信與人生的成敗息息相關

威爾森在創業之初，全部家當只有一台分期付款的爆米花機，價值五十美元。第二次世界大戰結束後，威爾森做生意賺了點錢，便決定從事房地產生意。如果說這是威爾森的成功目標，那麼，這一目標的確定，就是基於他對自己的市場需求預測充滿信心。

當時，在美國從事地產生意的人並不多，因為戰後人們一般都比較窮，買地建房子、蓋廠房的人很少，地產的價格也很低。當親朋好友聽說威爾森要做地產生意，異口同聲地反對。

而威爾森卻堅持己見，他認為反對他的人目光短淺。他認為雖然連年的戰爭使美國的經濟很不景氣，但美國是戰勝國，它的經濟會很快進入發展時期。到那時買地產的人一定會增多，地產的價格會暴漲。

於是，威爾森用手頭的全部資金再加一部分貸款，在市郊買下很大的一片荒地。這片土地由於地勢低窪，不適宜耕種，所以乏人問津。可是威爾森親自觀察了以後，還是決定買下了這片荒地。他的預測是，美國經濟會很快繁榮，城市人口會日益增多，市區將會不斷擴大，必然向郊區延伸。在不久的將來，這片土地一定會變成黃金地段。

後來的事實正如威爾森所料。不出三年，城市人口劇增，市區迅速發展，大馬路一直修到威爾森買的土地旁。這時，人們才發現，這片土地周圍風景宜人，是人們夏日避暑的好地方。於是，這片土地價格倍增，許多商人競相出高價購買，但威爾森不為眼前的利益所惑，他還有更長遠的打算。後來，威爾森在自己這片土地上蓋起了一座汽車旅館，命名為「假日旅館」。由於它的地理位置好，舒適方便，開業後，顧客盈門，生意非常興隆。從此以後，威爾森的生意越做越大，他的假日旅館逐步遍及世界各地。

威爾森的經歷告訴我們：自信與人生的成敗息息相關。

▼自信會有助於你的表現

麥克亞瑟在西點軍校入學考試的前一晚非常緊張。母親對他說：「如果你不緊張，就會考取。你一定要相信自己，否則沒人會相信你。要有自信，即使你沒通過，但你知道自己已全力以赴了。」放榜後，麥克亞瑟名列第一。

當你相信自己能做出最好的成績時，你不僅會發現自信提高，而且會發現自信有助於你的表現。

斯坦斯佛說：「在你停止嘗試的時候，那就是你失敗之時。」欠缺自信的人，將終日和恐懼結伴為鄰。而越是被恐懼的烏雲所籠罩，自我肯定的機會也就越渺茫。

如果我們讓「恐懼」任其生長，恐懼的陰影就會越長越大；你越是想逃避，它越是如影隨形。

有一句至理名言：「現實中的恐懼，遠比不上想像中的恐懼那麼可怕。」多數人在碰到棘手的事物時，只會考慮到事物本身的困難程度，如此自然也就產生了恐懼感。但是一旦實際著手時，就會發現事情其實比想像中要容易且順利多了。

布朗說：「處於現今這個時代，如果說『做不到』，你將經常站在失敗的一邊。」學著對自己仁慈些，列出一張你的勝利和成功的清單。當你想到自己已完成的事時，你對能做的事會更有信心。只有失敗者才會把注意力放在失敗和缺點上。

大多數人所表現的自信要大過我們所意識到的，我們很小的時候就知道相信自己。在你跨出第一步時，你就相信你會走；在你說出第一句話之前，你就相信你會說；因為你先相信，所以你會去完成它。

▼從內心決定要得第一

理查・派迪的故事是夏爾曼教授經常在課堂上講述的例子之一。理查・派迪是運動史上贏得獎金最多的賽車選手。當他第一次賽完車回來向他母親報告賽車結果時的情景對他的成功影響很大：

「媽！」他衝進家門口叫道，「有三十五輛車參加比賽，我跑第二。」

「你輸了！」母親回答道。

「但是，媽！」他抗議道，「您不認為我第一次就跑個第二是很好的事嗎？特別是這麼多輛車參加比賽。」

「理查！」她嚴厲道，「你用不著跑在任何人後面！」

接下來二十年中，理查・派迪稱霸賽車界。他的許多項紀錄到今天還保持著，沒被打破。他從未忘記母親的話：「理查，你用不著跑在任何人後面！」

是的，「你用不著跑在任何人後面」！一旦你從內心決定要得第一，那麼你就會取得更好的成績。

在生活中你敢不敢說「我是第一」？這個問題的回答並不困難。如果你是個渴望成功的人，並且意識到以個性為中心是成功的基礎的人，請回答：「當然，我就是第一！」

為什麼一定要是第一呢？

因為你本來就是第一。至少，你要在意識中播種爭第一的信心，這樣，你的個性才會真正成熟起來。記住！生活需要個性。

保持自己的特色

▼不要拿「別人」的標準來衡量自己

至少有百分之九十五的人，生活多少受到自卑感的影響，不能成功的人，也受到自卑感的嚴重阻礙。

從某個角度來看，地球上每一個人都不如另一個人或另一些人。你知道你的拳擊比不上阿里，跑百米比不上劉易士，籃球比不上喬丹，這些事情你知道得很清楚，但你不要為比不上別人而產生自卑感，使你的人生黯淡無光，也不該只因為某些事情無法做得像他們那麼有技巧，而覺得自己是塊廢料。

自卑感的產生不是來自「事實」或「經驗」，而是來自我們對事實的結論與對經驗的評價。例如：你拳擊不行，籃球不行，但是這並不是說你是個「不行的人」。阿里與喬丹不會做外科手術，他們是「手術不行的人」，但這並不意味他們是「不行的人」。行行出狀元就是如此。

自卑感之所以會影響我們的生活，並不是由於我們在技術上或知識上比別人差，而是由於我們內心有不如人的感覺。

不如人的感覺，產生的原因只有一種：不用自己的「尺度」來判斷自己，而用別人的「標準」來衡量自己。這樣做，只會帶來次人一等的感覺。假設應該以某些人的「標準」來向他們看齊，所以我們覺得憂慮，不如人，因而下個結論說本身有毛病，然後這個愚昧推理結論是：我們沒有「價值」，不配得到成功與快樂。

這些都是因為接受了「我應該像某某人」的觀念或「我應像其他人」的錯誤觀念。事實上並沒有「其他人」的通用標準，況且「其他人」都是由個人組成的，世界上沒有兩個完全相同的人。

有自卑感的人，為了要取得優越地位所做的努力，只會使錯誤更加牢固，他的感覺是發自「我不如人」的錯誤前提。他整個「邏輯思想」的內涵與感情也源自這個錯誤的前提。他覺得不適合，因為他比不上別人，所以他想要使自己跟別人一般好，若要覺得舒服，就要使自己比別人優越。努力地想取得優越地位，會招來更多的困擾，受到更多的挫折。也會變得比以前憂鬱，而且「愈努力」憂鬱愈加深。

卑下與優越是一枚銅幣的兩面，只要瞭解這枚銅幣本身是假造的，問題就解決了。你應該認識到：你不「卑下」；你不「優越」；你只是「你」。

你身為一個人，不必與別人比較高下，因為地球上沒有人和你一樣，也沒有和你同一等級的人。你是一個人，你是獨一無二的，你不「像」任何一個人，也無法變得「像」任何一個人，沒有人「要」你去像某一個人，也沒有人「要」某一個人來像你。

上帝並沒有創造一個標準人，也沒有在某人身上貼標籤說「這個才是標準的人」。祂使人類有個別獨特之分，猶如祂使每一片雪花有個別獨特之分一般。

人有高矮、肥瘦、黑白、紅黃之別，不要拿「他人」的標準來衡量自己，因為你不是「別人」，也永遠無法用他人的標準來衡量自己；同樣的，別人也不該以你的標準來衡量他們自己。只要你瞭解這個簡單、明顯的真理，接受它，相信它，你的自卑感就會消失得無影無蹤。

不要過度在意別人的想法。你過度在意「別人的想法」，小心翼翼地想取悅別人，你就會有過度的否定反應、壓抑以及不良的表現。

▼劃分可能和不可能

通往自信的關鍵是自律。自信使我們能以智力、體力來迎接任何挑戰，但那只有在我們能完全控制自己時才能達成。我們每個人都應該克服自疑的心態，而使自己的潛能發揮到極致。

「上帝允許我接受我不能改變的事，給我勇氣去改變我能改變的事，並給我智慧去區分它們的不同」。這個古老的禱告有助於我們分辨出自己該在何處用力，該在何處適可而止。有些限制是真的，不是靠你的毅力可以改變的。尼爾・奧斯丁天生一雙變形的手，他的父親說：「兒子，你是絕對沒辦法靠你的雙手維生的，所以你最好盡力發展你的腦子」。尼爾接受了自己的限制，成為了出版界的領導者和受歡迎的作家。

那些憤怒地跟天生限制過不去的人經常會變得刻薄和有挫折感，慢慢失去自信。因為他們懷有對自己不真實的理想。他們把一生的時間都花在無力改善或只能有限改善的事情上。經常的失敗會把他們打垮，使他們失去起碼的自信。這種人把所有的精力都投注在「不可能的夢想」上，遭受打擊是難免的。當然，「不可能的夢想」有時是偉大的和令人振奮的，但如果用一生歲月來追求一個不可能的夢想則是下下策。人們應善於用「實際的夢想」來代替那種「不可能的夢想」。

但更多的限制是畫地為牢。歷史上最偉大的成就在開始時都是「這是絕對做不成的」。其他人的意見或者我們的自疑常常會削減我們對自己能力的信心。自信有時不過是一種感覺，如果我們以一種肯定的態度去反應這種感覺，那麼久而久之，它自然就會變成一種實在的行動，而我們的這種感覺，也會更強，自信自然會逐步增強起來。

▼保持自己的特色

愛迪生在他那篇著名的散文《論自信》中寫道：「在每一個人的教育過程之中，他一定會在某時期發現，羨慕就是無知，模仿就是自殺。不論好壞，他必須保持自我特色。雖然廣大的宇宙之間充滿了好的東西，可是除非他耕作那一塊給他耕作的土地，否則他絕得不到好的收成。他所有的能力是自然界的一種新能力，除了自己之外，沒有人知道他能做出什麼和知道些什麼，而這都是他必須去嘗試求取的。」對此，伊笛絲·阿雷德的體會是非常深刻的。

伊笛絲·阿雷德從小就特別敏感而靦腆，她的身體一直太胖，伊笛絲有一個很古板的母親，她認為把衣服弄得漂亮是一件很愚蠢的事情。她總是對伊笛絲說：「寬衣好穿，窄衣易破。」而母親總照這句話來幫伊笛絲穿衣服。所以，伊笛絲從來不和其他的孩子一起做戶外活動，甚至不上體育課。她非常害羞，覺得自己和其他的人「不一樣」，完全不討人喜歡。

長大之後，伊笛絲嫁給一個比她大好幾歲的男人，可是她並沒有改變。她丈夫一家人都很好，也充滿了自信。伊笛絲盡最大的努力要像他們一樣，可是她做不到。他們為了使伊笛絲開朗而做的每一件事情，都只是令她更退縮到她的象牙塔裡。伊笛絲變得緊張不安，躲避了所有的朋友，情形壞到她甚至怕聽到門鈴聲。

伊笛絲知道自己是一個失敗者，又怕她的丈夫會發現這一點。所以每次他們出現在公共場合的時候，她假裝很開心，結果常常做得太過分，事後伊笛絲會為這個難過好幾天。最後她覺得再活下去也沒有什麼意思了，伊笛絲開始想自殺。

是什麼改變了這個不快樂的女人的生活呢？隨口說的一句話，改變了伊笛絲的整個生活。有一天，她的婆婆談怎麼教養孩子，說：「不管事情怎麼樣，我總會要求孩子們保持本色。」

「保持本色！」就是這句話！剎那之間，伊笛絲才發現自己之所以苦惱，就是因為一直在試著讓自己去適應於一個並不適合自己的模式。

伊笛絲後來回憶道：「在一夕之間我整個人改變了。我開始保持本色。我試著研究我自己的個性，自己的優點，盡我所能去學色彩和服飾知識，儘量以適合的方式穿衣服。主動地去交朋友，我參加了一個社團組織——起先是一個很小的社團。他們讓我參加活動，使我嚇壞了。可是我每一次發言，就增加了一點勇氣。今天我所有的快樂，是我從來沒有想到可能得到的。在教育我自己的孩子時，我也總是把我從痛苦的經驗中所學到的結果教給他們：『不管事情怎麼樣，總要保持本色。』」

詹姆斯・高登・季爾基博士說：「保持本色的問題，像歷史一樣的古老，也像人生一樣的普遍。」不願意保持本色，是很多精神和心理問題的潛在原因。

在這個世界上，每一個人都是獨一無二的。應該為這一點而慶幸，應該儘量利用大自然所賦予你的一切。總而言之說起來，成就都與本人的實際潛能有關。你只能唱你自己的歌，畫你自己的畫，做一個由你的經驗、環境和家庭所造成的你。不論好壞，你都得自己創造自己的花園，在生命的交響樂中，演奏你自己的樂器。

▼不要追求完美

如果一個人能夠發現自己與別人在學習、生活方式方面的差異，發現自己的長處，有機會依照自己擅長的方式獲取知識和技能，那他就不至於在學習上遭遇痛苦或不必要的失敗經歷。

一位西方教授指出，通往成功的道路有許多條，在不同領域不同行業，人們取得成功所需要的才能和智慧是不一樣的。美國著名女性社會學者瑪麗·凱在《女人世界》一書中說：「女人是這個世界上最美麗的花朵，她的滋養要靠陽光和雨水，要靠大地和肥料。但是最重要的養分還是要靠自己的辛勤工作來取得，一個成功的女人必須具備完美的心理，否則她就會失去自我。」

人對自己的認識並不是一種抽象的概念。它本身就帶有一種情感和態度，伴有自我評價的感情，對自己是好感還是厭惡，是滿意還是不滿意。精神健康要求一個人對自己保持一種愉快而滿意的接納態度。就是人對自己的一切，要充分地瞭解、正確地認識，不要欺騙自己、拒絕自己、更不要憎恨自己。接納自己是一種心理狀態，與客觀環境、本人條件並不完全相關。有些人有生理缺陷，但很樂觀；有些人五官端正，卻並不喜歡自己；有些人並不富裕，卻知足常樂；有些人有錢有勢，卻不覺得快樂。

成功的定律不是說只要接納自己就能成功，而是說不接納自己就無法成功。自卑的人雖也看到身邊有許多有利條件和時機，但他總認為這些條件和時機是為別人準備的，與自己並不相干，甚至自己根本不接受這些條件和機會。因此他們就不努力奮鬥，也沒有和別人競爭的勇氣。沒有一個人能越過他自己所設置的障礙。有人說過這樣一句話：「你所以感到巨人高不可攀，只是因為自己跪著。」不信你站起來試一試，你一定能發現自己並不比別人矮一截。許多事情別人能做到的，自己經過努力也能做到，重要的是接納自己，對自己要做肯定的評價，對自己的優點和力量要有自信。

在生活中，與其想做個「超人」，不如做個凡人。前者孤獨，高處不勝寒；後者自在，左右逢源。

確實，完人並非具有最大的吸引力，再說也沒有完人。那麼，我們為什麼要戴著面具充當完人，這多虛偽、多荒唐、多累人！而且吃力不討好。美國著名整形外科醫生韋爾・莫爾茲博士曾說：「許多人在生活中遇到的悲劇之一，就是渴望自己完美無缺。」

天下沒有一個完美的人，所以天下人對不完美的人更感興趣，也更易產生共鳴。

斷臂維納斯令人遺憾，但也使人感到親切可人，因為每個人心中都可以為她準備一雙美麗的手，那麼等於每一顆心都接納了她。真實呈現自己，實際上就是解放自己，於是，有了個性鮮明的自我和創造性的自我，更有一個受人歡迎的自我。

不失自我，贏得了世界。沒有最好的，只有更好的。

不要屈服於生活的壓力

▼不懦弱，就能減少生活中的恐懼

一個平凡的上班族麥克・英泰爾，三十七歲那年做了一個大膽的決定，他放棄薪水優渥的記者工作，把身上僅有的三塊多美元捐給街角的流浪漢，只帶了幾件衣物，從陽光明媚的加州出發，靠搭便車，穿越美國。

他的目的地是美國東海岸北卡羅萊納州的恐怖角——這是他精神快崩潰時做的一個倉促決定。

某天下午他忽然哭了，因為他問了自己一個問題：如果有人通知我今天死期到了，我會後悔嗎？雖然他有好的工作，有美麗的女友、親人，但他發現自己這輩子從來沒有下過什麼賭注，平順的人生從沒有高峰或谷底。

他為自己懦弱的上半生而哭泣。

一念之間，他選擇了北卡羅萊納的恐怖角作為最終目的，藉以象徵他征服生命中所有恐懼的決心。

這個懦弱的三十七歲男人上路前竟還接到老奶奶的紙條：「你一定會在路上被人欺負。」

但他成功了，四千多英哩路，七十八頓餐，靠八十二個陌生人的幫助。

不要怨天尤人，命運其實就在自己手中

沒有接受過任何金錢的饋贈，在雷雨交加中睡在潮濕的睡袋裡，也有幾個像公路分屍案的殺手或搶匪般的傢伙使他心驚膽顫；在遊民之家靠打工換取住宿；遇到了各種人……他終於來到恐怖角。

恐怖角到了，但恐怖角並不恐怖。原來「恐怖角」這個名稱，是由一位十六世紀的探險家取的，本來叫「Cape Faire」，被訛寫為「Cape Fear」。

只是一個失誤。

麥克・英泰爾終於明白：「這名字的不當，就像我自己的恐懼一樣。我現在明白自己一直害怕做錯事，我最大的恥辱不是恐懼死亡，而是恐懼生命。」

生活中很多恐懼和擔心完全是由我們在內心想像出來的。很多時候，我們之所以害怕自己沒有能力完成一件想做的事，僅僅是因為我們不敢嘗試。

▼排除「一定會失敗」的意念

世界著名的鋼索特技人卡爾・華倫達曾說：「在鋼索上才是我真正的人生，其它都只是等待。」他就是以這種非常有信心的態度來走鋼索，每一次都非常成功。

但是一九七八年，他在波多黎各表演時，從七十五尺高的鋼索上掉下來死了，令人不可思議。華倫達太太說出了原因。在表演的前三個月，華倫達開始懷疑自己「這次可能掉下去」。他時常問太太：「萬一掉下去怎麼辦？」他花了很多精神在避免掉下來，而不是在走鋼索。大家可能也有這種經驗，這叫做「預感」。有時候有人會說：「我可能會發生車禍。」結果真的應驗了。

為什麼會發生，就是因為你失去了反應能力。

假如你有不好的預感，要告訴自己「不可能有這種事」、「絕對不會」，潛意識就吸收你的指示，一旦有了危機，它會替你處理得和平常的反應一樣好，不會失常。有了這種認知後，我們做任何事時，應該想辦法把「一定會失敗」的意念排除掉。

▼激發內在的潛能

富有勇氣，不願屈服於生活壓力的人是有福的，他們信奉「有志者事竟成」的生活格言。

一九八五年五月十九日，二十五歲的莎拉・多爾蒂登上了麥金萊山高達二萬多英呎的頂峰。她是迄今為止第一位登上北美最高峰的殘障登山者。

在無義肢的情況下，多爾蒂出於某些「個人的原因」以及純粹體格上的挑戰，背著二十五磅登山器材登上了峰頂。她引用某作家的一句話說：「我們大家都有著這麼一種巨大的潛能，而這種潛能往往是隱藏在看來不可能的情況中的。」

多爾蒂十二歲的時候，一個喝醉酒的駕駛讓她失去了一條右腿。但她仍然保持著對自己的信心，堅信憑藉自己的力量能夠創造出美好的生活。

兩個月後，她開始游泳。然後，又學習滑雪。任何一項活動對於失去一條腿的人來說都是艱難的學習。

她堅持下來，成功了。

多爾蒂對記者說：「在生活中倘若不冒險，哪裡會有傳奇？」如果一個人不想斷送自己的一生，那麼就應該有所作為，有所突破，在征服困難的同時證實自己。

▼把缺點化為發揮自己的機會

曾長期擔任菲律賓外交部長的羅慕洛穿上鞋時身高只有一百六十三公分。原先，他與其他人一樣，為自己的身材而自慚形穢。年輕時也穿過高跟鞋，但這種方法總令他不舒服——精神上的不舒服。他感到自欺欺人，於是便把鞋扔了。後來，在他的一生中，他的許多成就卻與他的「矮」有關，也就是說，矮反倒促使他成功。

他說出這樣的話：「但願我生生世世都做矮子。」

一九三五年，大多數的美國人尚不知道羅慕洛為何許人也。那時，他應邀到聖母大學接受榮譽學位，並且發表演講。

那天，高大的羅斯福總統也是演講人，事後，他笑吟吟地怪羅慕洛「搶了美國總統的風頭」。更值得回味的是，一九四五年，聯合國創立會議在三藩市舉行。羅慕洛以菲律賓代表團團長身份，應邀發表演說。講臺差不多和他一般高。等大家靜下來，羅慕洛莊嚴地說出一句：「我們就把這個會場當做最後的戰場吧。」這時，全場頓時寂然，接著爆發出一陣掌聲。

最後，他以「維護尊嚴、言辭和思想比武器更有力量……唯一牢不可破的防線是互助互諒的防線」結束演講時，全場響起了如雷般的掌聲。後來，他分析道：如果大個子說這番話，聽眾可能客客氣氣地鼓一下掌，但菲律賓那時離獨立還有一年，自己又是矮子，由他來說就有意想不到的效果。從那天起，小小的菲律賓在聯合國中就被各國當作有份量的國家了。

這件事，羅慕洛認為矮子比高個子有著天賦的優勢。矮子起初總被人輕視，後來有了表現，別人就覺得出乎意料，不由得佩服起來，在人們的心目中，成就格外出色，平常的事一經他手，就似乎成了驚人之舉。

身為「矮個子」的羅慕洛的成功之處，就在於承認缺點，卻又超越缺點，把它化為發揮自己的機會。

▼從渺小走向偉大

布克出生在一個百萬富翁家庭，從小養成了遊手好閒、揮金如土、盛氣凌人的惡習。但他二十一歲的時候，卻遭受了一次嚴重的打擊。

在一次宴會上，他對一位年輕貌美的巴黎女郎一見鍾情。他仗著自己長相英俊，有錢有勢，便走上前去搭訕。沒想到，這位女郎卻冷冰冰地罵道：「請站遠一點，我最討厭被花花公子擋住視線。」這讓布克羞愧難當。

他含著屈辱離開了家裡，隻身一人來到里昂，在那裡他隱姓埋名，發奮求學，整天待在圖書館和實驗室裡。在一位知名教授的指導和自己的長期努力下，他發明了一種重要的化學試劑，發表學術論文一百多篇，並因此獲得了諾貝爾化學獎。

培養自信的「鏡子技巧」

幾年以前，記者布里斯托到一位富豪家裡作客。這位富翁擁有伐木機和大型鋸機的多項專利，邀請了許多報業、銀行家和工商業巨頭，到一家著名飯店中，介紹一種鋸床操作的新方法。

富豪喝了很多酒，很快便喝得酩酊大醉。

剛要開飯，布里斯托看見富豪搖搖晃晃地走進臥室。布里斯托覺得也許能幫助他，便跟著走進房間。當布里斯托發現他正用兩手抓住鏡子頂端的邊緣，凝視著鏡子，像喝醉酒的人時常表現的那樣咕噥著。隨後他的話開始變得有條理了。布里斯托聽到他在說：「約翰，你這老傢伙，這是你舉辦的晚會，你必須保持清醒！」

他繼續凝視著鏡子中的自己，不斷重覆這幾句話。整個過程只有五分鐘，但他的醉意明顯消退了。

在報社記者的生涯中，布里斯托曾觀察過許多醉漢，但從未見過誰能這麼快恢復常態。

當他重新回到餐廳時，臉上雖然還帶點紅暈，但顯然是清醒的。宴會結束時，他又介紹了一個十分引人注目並令人信服的新計畫。經過一段時間，當布里斯托對潛意識能力有了更充分的瞭解，才對這種能使一個明顯的醉漢變成十分清醒的鏡子技巧，有了真正的理解。

布里斯托已經將這種鏡子技巧傳授給許多的人，成效甚大。幾年來，許多人到他這裡來，要求幫助解決難題。大部分是婦女，她們幾乎都是哭哭啼啼地敘述各自的遭遇。

而布里斯托做的第一件事情，就是要她們站在一人高的鏡子面前，仔細看著自己，看著自己的眼睛，並告訴自己看到了什麼？她們的哭聲很快停止了。這些事例使布里斯托相信，一個婦女在鏡子裡看著自己的時候，停止哭泣——是自尊、羞愧或者是出於對女性軟弱觀念的否認使她們停止哭泣，不再流淚。

許多了不起的演說家，傳教士、演員、政治家都曾運用過鏡子技巧。溫斯頓、邱吉爾在作任何重要演講之前，總要站在鏡子前正視一下自己。美國總統威爾森也使用過這種技巧，我們稱之為增壓方法。當你準備在大會上作演講，在排練中使用這種鏡子技巧，可以塑造出你的形象，言詞語調，以及設想面對聽眾的情景。正視鏡面，你可以極大地振奮精神，由此產生的力量，加上言詞的意義，便能迅速打動聽眾的潛意識。

如果你準備去訪問一位極其頑固的主顧或拜見一位曾使你感到害怕的老闆，那麼請運用鏡子技巧，直到你相信能夠做到不慌不忙。

當你在鏡子前站好，就反覆對自己說，你會獲得前所未有的成功，世界上沒有任何東西能夠阻止。這麼做聽起來似乎有些可笑，然而不要忘記，任何無意識的設想，都會在生活中成為現實。

關於眼睛的功能，有過很多論述。

眼睛被認為是靈魂之窗，它們不僅洩露你內心的思想活動，而且比想像的更能表達你的內心世界。一旦開始實踐鏡子技巧，眼睛就會產生一種你從未看到過甚至從未想到過的力量，而這種力量確實是你所具備的。由於眼神把你信念的強度表露了出來，由此贏得人們的讚賞，也就在情理之中。

愛迪生寫道：每個人的等級身分都確切地包含在他的眼睛裡。眼神能反映出一個人在現實生活中所屬的階層，所處的位置。

所以要訓練你的眼睛，使之充滿信心，而鏡子則能幫助你。

俗話說，扮演什麼角色，就成為什麼角色。

沒有比對著鏡子扮演更有效的方法。不要摻雜虛榮，不要矯揉造作，而是為了塑造自己，使自己成為嚮往的那種人。既然世界上許多傑出人物都曾藉助鏡子技巧來提高自己，完善自己，擴大自己在人們心間的影響，你為什麼不可以仿效之，用它來為自己的特定目的服務呢？

建立自信的六個步驟

哈佛大學醫學院的心理學家羅伯特‧貝特爾教授說：「如果我們有很強的自信的話，我們都能比平常所表現得要更好。」以下是羅伯特教授總結的建立自信的六個步驟。他說，不論你現有的自信為何，只要循此步驟去做，你就會增加自信心去面對生活中的每個挑戰。

一、告訴自己：一定要實現目標！

大多數人即使確立了目標，由於並不衷心渴望達成，所以也就缺乏達成的自信心。反過來說，因為不寄予希望，所以嘴上經常掛了這麼一句「我做不到」，而死了心。不管你在哪一家公司上班，在工作上追求快速成長而始終認真如一、向目標奮勇邁進的人，總是占少數。大多數人往往只求投入一半心力，並不積極地全力投入。

想要擁有自信——「這才是我唯一的工作」，這種全神貫注的信念是非常重要的，抱著半途而廢的心理絕不可能產生自信，也不被認為是好員工。

為了做到這一點，不妨試試花一天的時間全力沉浸在工作中。

人們常說：「唯有貫注於自己的工作才會產生希望。」希望和自信原屬同一根源。只要將自己沉浸在工作中，你的心底便會油然而升「只要確實去做，同樣也做得到」的自信。僅僅一天而已，乍聽之下好像沒什麼意義，然而這卻是一個充滿自信的人生轉捩點。我們可以從很多人的經驗中得到證實，一個充滿自信新希望的一天就是邁向成功的第一步。

二、要有最好的準備

為了成功，凡事都需做好萬全的準備工作。比方說，在你向人推銷商品時，保有自信的最好方法，就是事先準備好無論在任何場合見面，都可提供對方特別的東西，以及提供讓對方接受的方法。再者，為了不使對方感覺浪費時間，採取什麼樣的話題、方式，以適當表達出重點，也必須在事前做深刻的瞭解。

三、重心放在你最大的長處上

有成就的人知道把精力放在自己最擅長的地方。贏家像河流一樣，他們找到一條道路，便循著這條道路前進。站在大河邊，想想看河流的力量有多大？它能發電，灌溉田地，產生很大的財富。因為它集中在同一個方向上運動。

失敗者像沼澤，他們四處遊移，什麼事都做一點，結果一事無成。站在沼澤邊，你會發現它只會把人拖下去，它是蚊子滋生的溫床，也是傳播疾病的地方，是鱷魚和毒蛇等爬蟲類的窩。

當你集中精力表現最好的事情時，你會覺得自信心增強。林肯可以成為一名一流的律師，但他選擇做政治家。他認為他能在歷史上寫下新的一頁，因此決心以畢生的精力來完成這個使命。

四、從你的錯誤和失敗中記取教訓

「我們浪費了太多的時間，」一位年輕的助手對愛迪生說：「我們已經試了二萬次了，仍然沒找到可以做燈絲的物質！」

「不！」愛迪生回答說，「但我們已發現有二萬種不能當燈絲的東西。」

這種精神使得愛迪生終於找到了鎢絲，發明了電燈，改變了歷史。

錯誤很可能致命。錯誤會造成嚴重的後果，往往不在錯誤本身，而在於犯錯人的態度。能從失敗中獲得教訓的人，就能建立更強的自信心。

五、放棄逃避方能產生信念

愛迪生說：「在你停止嘗試的同時，那就是你完全失敗的時候。」欠缺自信的人，將終日和恐懼結伴為鄰。越是被恐懼的烏雲所籠罩，自我肯定的機會也就越是渺茫。分析恐懼，就是克服恐懼的第一步。下面的幾個問題請向自己發問，並確實回答。我所害怕的到底是什麼東西？實際上它又如何呢？我所害怕的東西真正存在嗎？或只不過是想像而已？難道我的內心理所當然應該充滿恐懼嗎？

其實，你所恐懼擔心的事物一旦面對現實時，你的心裡往往會有「最壞大不了如何如何……」的萬全準備，這種「大不了」的心理，正是你可以克服恐懼習慣的最佳證明。所以，這些造成你不安的恐懼事物，說穿了並沒有什麼，我們若將其真面目分析得仔細一點，你會發現你所畏懼的「幽靈」，原來不過是一株枯萎的樹影罷了。你將會為自己深深陷入的恐懼感到好笑。所以只要勇敢面對，不但可以從此消除恐懼的陰影，而且能夠產生堅強的自信心。

六、要確實遵守自己所訂下的約束

這是增強自信的最後一個步驟，也是所有步驟中最簡單且最具效果的。

此處所指的約束，任何一種都可以，而且若能包含你的工作、經濟、健康等各種問題，更能收到一石二鳥的效果。

所謂「約束」並不僅僅是在頭腦中約束自己，你可以試試在紙上簽上自己的姓名會更具實踐的效果，比方說：「從今天起一週之內，我每天早晨要起來慢跑」或者「從今天起一週之內，我要比平常早三十分鐘出門上班」等等都可以，將它寫在紙上，填上日期簽上姓名。

約束的內容如何並不重要，重要的是將它寫在紙上後，不論發生什麼樣的障礙，都務必要確實遵守。記住：成功的祕訣是在於恆心。

當你對自己做了某種程度的約束後，在遵守這種約束時，你會發現由於實踐而產生了自我信賴，這種自我信賴便是你已開始坦然面對自己的實證，此時自信當然也會根深蒂固地成為你的勇氣與力量。

大多數人在實行這種自我約束時，多半會有優柔寡斷、遲疑不決的心態，即使實行了，一旦遭遇到挫折又會隨即住手，然而若是用這種寫在紙上的簽名方法，可能就不大容易中途而廢了。不管多麼微小的事，一旦立下「只要決心去做一定會成功」的信念、自信便會油然而生。

步驟五

追求
卓越的信念

歌德說：「你若失去了財產——你只失去了一點點；
你若失去了榮譽——你就丟掉了許多；
你若失掉了勇敢——你就把一切都失掉了！」
信念是一種精神的物質，信念是一種巨大的力量，
它能將思想的能量轉換成它們精神上的等價物質，
信念乃是將無限智能改造為適合於個人所用的唯一途徑。

卓越的信念是成功的保障

▼信念決定成敗

一九五二年，世界著名的游泳好手弗洛倫絲・查德威克從卡德林那島游向加洲海灘。兩年前，她曾經橫渡過英吉利海峽，現在她想再創一項紀錄。

這天，當她游近加洲海岸時，嘴唇已凍得發紫，全身一陣陣地寒顫。她已經在海水裡泡了十六個小時。遠方霧靄茫茫，使她難以辨認伴隨著她的小艇。查德威克感到難以堅持，她向小艇上的朋友請求：「把我拖上去吧。」艇上的人們勸她不要向失敗低頭，要她再堅持一下。「只剩一英哩遠了。」他們說著。濃霧使她難以看到海岸，她以為別人在騙她。「把我拖上去。」她再三請求著。於是，冷得發抖、渾身濕淋淋的查德威克被拉上了小艇。

後來，她告訴記者說，如果當時她能看到陸地，她就一定能堅持游到終點。大霧阻止了她奪取最後的勝利。

這件事過後，她認識到，事實上妨礙她成功的不是大霧，而是她內心的疑惑。是她自己讓大霧擋住了視線，迷惑了心，先是對自己失去了信心，然後才被大霧給擊敗了。

兩個月後，查德威克再次嘗試游向加洲海岸。濃霧還是籠罩在她的周圍，海水冰涼刺骨，她同樣望不見陸地。但這次她堅持著，她知道陸地就在前方；她奮力向前遊，因為陸地在她的心中。查德威克終於明白了信念的重要性。她不僅確立目標，而且懂得要對目標充滿信心。

每個人都會確立一些人生的目標，要實現這些目標，首先你必須相信自己能夠做到。千萬不要讓形形色色的霧迷住了你的眼，不要讓霧影響你。在實現目標的過程中受到挫折時，請記住，困難都是暫時的，只要充分相信自己，終能等到雲開霧散的那一天。要取得成功，除了有堅強的意志，還需要有強烈的信念。信念是一種巨大的動力，它可以推動你去做別人認為不可能成功的事情。

美國成功學大師克里曼特・史東指出：你的頭腦是一個「思想製造工廠」——一個非常忙碌，每日製造無數思想的工廠。他指出：「美好的生命態度就像軟木，它能幫你浮起；不良的態度就像鉛塊，它會讓你下沉。一個人的成敗關鍵是心中有沒有自信，只要相信你能成功，你就會贏得成功，信念決定命運。」

▼薄弱的信念常是失敗的主因

地勢險惡的峽谷，澗底奔騰著湍急的水流，幾根光禿禿的鐵索橫亙在懸崖峭壁之間當橋使用。山勢的險峻，流水的湍急，更襯托出鋼索的危險與簡陋，經常有登山者失足葬身澗底。

一行四人來到橋頭，一個盲人，一個聾人，兩個耳聰目明的健全人。

鐵索橋必須攀附，因為已無退路。四個人一個接一個地抓住鐵索，凌空行進。結果呢？盲人過橋了，聾人過橋了，一個耳聰目明的人過橋了，另外一個卻跌下鋼索橋喪了命。

難道耳聰目明的人還不如盲人，聾人？

他的弱點就在於耳聰目明。

盲人說，我眼睛看不見，不知山高橋險，心平氣和地攀索。聾人說，我的耳朵聽不見，聽不到腳下咆哮怒吼，恐懼相對減少很多。那麼另一個健全人呢？他的理論是，我過我的橋，險峰與我何干？急流與我何干？只管注意落腳穩固就行了。

很多時候，成功就像攀附鐵索橋，失敗的原因，不是因為力量薄弱和智商低下，而是因為信念薄弱，威懾環境，被周圍的聲勢嚇破了膽。

▼堅強的信念可以彌補其他方面的不足

一九四三年正是二次世界大戰的中期。牛津大學的校園裡彌漫著戰爭的氣息。大學生們不可避免地為打敗德國而從事種種激動人心又極其神祕的活動，學習就成了次要的任務。但這沒有動搖柴契爾・瑪格麗特上牛津大學的決心。在瑪格麗特剛滿十七歲的時候，有一天，她走進新來的女校長古利斯小姐的辦公室說：「校長，我想現在就去考牛津大學的薩默維爾學院。」

女校長皺著眉頭說：「什麼？妳不是病了吧？妳現在連一節課的拉丁語都沒學過，怎麼去考牛津？」

「拉丁語我可以學！」

「妳才十七歲，而且還差一年才能畢業，妳必須畢業後再考慮這件事。」

「我可以申請跳級！」

「絕對不可以。」

「妳在阻撓我的理想！」瑪格麗特頭也不回地走出校長辦公室。

回家後她耐心地說服了父親支持她的想法，開始了艱苦的學習，準備考試。由於她從小受化學老師影響很大，同時又考慮到學化學的女孩子比其他任何學科都少得多，如果選擇其他文科專業，競爭就會很激烈。

因此她選擇了化學專業。在提前幾個月得到了學校的合格證書後，她參加了大學考試，後來終於等到了牛津大學的入學通知書。

後來，柴契爾一進入唐寧街十號，就發表了充滿自信的演說。她慷慨激昂地談道：「在出現分歧的時候，應該樹立起忠實的信念，在悲觀失望的時候，應該為和諧融洽而努力；錯誤的地方，讓我們來糾正；產生過懷疑的地方，讓我們帶來希望。」

▼有堅定的信念才能贏得金牌

一九五五年，十八歲的金蒙特已是全美國最有名氣的年輕滑雪選手，她的照片被登在《體育畫報》雜誌的封面。金蒙特躊躇滿志，積極地為參加奧運選拔賽做準備，大家都認為她一定能奪得金牌。

然而，一九五五年一月，一場悲劇使她的願望成了泡影。在奧運選拔賽最後一輪比賽中，金蒙特沿著羅斯特利山坡開始下滑，沒料到，這天的賽道特別滑，她先是身子一斜，之後就失去了控制，像一匹脫韁的野馬，直往下衝。

當她停下來時已昏迷了過去。人們立即把她送往醫院搶救，雖然最終保住了性命，但她雙肩以下的身體卻永遠癱瘓了。

金蒙特千方百計使自己從失望的痛苦中擺脫出來，去從事一項有益於公眾的事業，以建立自己新的生活。

歷盡艱難，她重新學會了寫字、打字、操縱輪椅、用特製湯匙進食。她在加州大學洛杉磯分校選學了幾門課程，想當一名教師。

她向教育學院提出申請，但系主任、學校顧問和醫生都認為她不適宜當教師。錄用教師的標準之一，是要能上下樓梯走到教室，可她做不到。此時，金蒙特的信念就是要成為一名教師，任何困難都不能動搖她的決心。

金蒙特不是一個輕易就放棄努力的人，她決定向洛杉磯地區的九十個學校逐一申請。在申請到第十八所學校時，已有三所學校表示願意聘用她。學校對她要走的一些坡道進行了改造，以適於她的輪椅通行，這樣從家裡坐輪椅到學校教書就不成問題了。從此以後，她一直從事教師職業。暑假裡她訪問了印第安人的貧民區，幫那裡的孩子補習。

從一九五五年到現在，金蒙特從未得過奧運會的金牌，但她的確得了一塊金牌，那是為了表彰她的教學成績而授予她的。

頑強的意志可以成就一切

▼耐心、勤奮和頑強的毅力是取得成功的法寶

查特利是一位很堅強的人，他非常自豪於成功地戰勝了童年的不幸，首要的是，他為他的自立精神而自豪。

他出身貧窮，出生地是謝菲爾德附近的諾頓。父親去世時，他還是個孩子，母親改嫁。小查特利常常趕著一頭載滿罐裝牛奶的驢子到鄰近的謝菲爾德鎮上為顧客送牛奶。這是他勤奮生涯的開始。透過自己的努力，他出人頭地，成為最富盛名的藝術家。

由於繼父不喜歡他，繼父叫他學習買賣，最初是和謝菲爾德的雜貨商一起，可是做生意不符合他的興趣、愛好。

一天，當他經過一家雕刻店的櫥窗時，他的目光停在櫥窗裡那些精雕細琢的作品上，當時他就沉醉在成為一名雕刻家的美麗遐想中，他請求雜貨商朋友支持他，允許他退出雜貨生意，他的朋友同意了。

於是，他拜一名既是雕刻匠、又是鍍金匠的師傅為師，學徒期七年。師傅是一名木刻工匠，在木刻之餘，也從事印模製物和石膏藝品經營。

查特利開始描摹這些成品和模型，在所有空閒時間裡，他都在練習繪畫，製作模型，常常工作到深夜。在他學徒期滿之前，也就是在他二十一歲那年，他付給師傅五十英鎊，終止了師徒契約關係，決定全心地從事藝術。

到了倫敦，當了一名雕刻匠的助手，在空閒時間，專心練習畫畫和雕刻模型。作為一個雕刻工，他的第一件工作便是裝飾詩人羅傑斯先生的臥室。以後他成了羅傑斯先生家的常客，他常向羅傑斯家中的客人介紹他早年的手藝。

回到謝菲爾德時，他以蠟像師、雕刻師以及油畫家的身分在當地報紙上作了廣告。

他的第一件蠟像，就被一個刀具商買走，他為一位糖果商畫的肖像畫也為他帶來了五英鎊的收入，糖果商還送他一雙長統靴。不久，查特利又回到倫敦，並在皇家學會學習。

再次回到謝菲爾德時，他大肆宣揚他準備為謝菲爾德城的傑出人物製作石膏雕像。人們請他為一位去世的牧師設計紀念像，他的設計使人們相當滿意。

在倫敦時，馬廄上的一間房間便是他的工作室，就在那間簡陋的工作室裡，他展出了他製作的第一件創意新穎的作品，撒旦巨頭。

他的展覽即將結束時，一位前來觀展的觀眾被那放在角落裡的「撒旦巨頭」的精巧製作深深折服了。

查特利介紹說：「『撒旦巨頭』是我來到倫敦以後的第一件作品。我是帶著一頂紙帽在一間閣樓裡完成這一創作的。那時，我僅僅只買得起一根蠟燭，我把蠟燭插在紙帽上，以便我無論轉向哪個方向，都能看得見。」

在皇家學會展覽會上，費拉克斯曼也看到了這幅作品，並大加讚賞。他還推薦查特利製作海軍博物館要求製作的四位傑出海軍的肖像。

他設計製作的霍恩．圖克將軍的肖像非常有名，按照他自己的話說，這尊肖像給他帶來了一．二萬英鎊的收入。

查特利成功了，但是他依然勤奮工作，在十六個競爭者中間，他被選中為倫敦喬治三世製作雕像。

幾年以後，他創作出了《沉睡之中的小孩》這一精美的紀念像，這是一件易碎的漂亮作品現在仍在利奇斐爾德教堂裡。從那以後，他的創作不斷為他帶來了榮譽、名聲和財富。

耐心、勤奮和頑強的毅力是他取得成就的法寶，他發掘了上帝賜福於他的珍貴禮物，因而獲得了巨大的成就。

▼堅持不懈能得到生活的最大獎賞

約翰‧卡許有一個夢想——當一名歌手。從軍後，他買了自己有生以來第一把吉他。開始自學彈吉他，並練習唱歌，還自己創作了一些歌曲。

服役期滿後，他開始努力工作以實現當一名歌手的夙願，但是沒人請他唱歌，就連電臺音樂節目播音員的職位也沒能得到。他只得靠挨家挨戶推銷各種生活用品維持生計，不過他還是堅持練唱。

他組織了一個小型的樂團組在各個教堂、小鎮上巡迴演出，為歌迷們演唱。他灌制的第一張唱片奠定了他音樂工作的基礎。他吸引了兩萬多名歌迷，在全國電視螢幕上露面，這使他獲得了很大的成功。

經過幾年的巡迴演出，他的身體狀況愈來愈差，晚上必須服安眠藥才能入睡，而且還要吃些「興奮劑」來維持第二天的精神狀態。

他開始染上一些惡習——酗酒、服用安眠鎮靜藥和刺激興奮的藥物。他的惡習日漸嚴重，對自己失去了控制能力。他不是出現在舞臺上而是出現在監獄裡了。到了一九六七年，他每天須吃一百多片藥片。

一天早晨，當他從喬治亞州的一所監獄刑滿出獄時，一位行政司法長官對他說：「約翰・卡許，我今天把你的錢和麻醉藥都還給你，因為你比別人更明白你能充分自由地選擇自己想做的事。看，這就是你的錢和藥片，你要麼把藥片扔掉，或者去麻醉、毀滅自己，你自己選擇吧！」

卡許選擇了生活。他又一次對自己的能力作了肯定，深信自己能再次成功。他回到納什維利，並找到他的私人醫生。

醫生不太相信他，認為他很難改掉吸毒的惡習，告訴他：「戒毒癮比找上帝還難。」

卡許並沒有被醫生的話嚇倒，他知道「上帝」就在他心中，他決心「找到上帝」，儘管這在別人看來幾乎不可能。他開始了他的第二次奮鬥。他把自己鎖在臥室閉門不出，一心一意就是要根絕毒癮，為此他忍受了巨大的痛苦，經常做惡夢。後來在回憶這段往事時，他說，他總是昏昏沉沉，好像身體裡有許多玻璃球在膨脹，突然一聲爆響，只覺得全身佈滿了玻璃碎片。

九個星期以後，他恢復了正常，睡覺不再做惡夢。他努力實現自己的計畫。幾個月後，重返舞臺，再次引吭高歌。

他不停息地奮鬥，終於又一次成為超級歌星。

賓斯托克指出：「唯有那些能夠堅持不懈的人，才能得到最大的獎賞。毅力可以移山填海，可以從芸芸眾生中成為成功的人。」

▼不放棄就會成功

一七五九年，英國國防部部長把當時英國最有聲望的將軍叫到面前說：「魁北克省已經控制在法國人手裡，我們想派你去把它從法國人手裡奪回來。」

將軍說：「部長，你這麼說了，我就去；如果魁北克省能夠奪回來，我就把它奪回來。」

部長說：「那好，站在一邊去。」第二位資深將軍被叫來問了同樣的問題。

「如果魁北克省能夠從法國人手裡奪回來，我就去奪。」第二位將軍答道。部長說：「好，站到一邊去。」

後來輪到最年輕的沃爾夫將軍，他剛剛成名，且聲譽在逐漸提高。部長說了同樣的話。

沃爾夫說：「部長，我會把魁北克省從法國人手中奪回來，否則我就死在那裡。」

在沃爾夫的詞彙裡沒有「如果」。他成功的把魁北克省從法國人那裡奪回來了，不過卻死在了亞伯拉罕平原。那是勝利者的精神，不成功便成仁。

當今世界文明民族都非常仰慕費爾德，他是堅強意志的化身，構思了海底電纜的計畫，並把自己的所有財產都投資在這個項目上。他經過了在國會討論中的第一次失敗，但是最終得到了參議院的大多數透過的一項特權。

第一次鋪設電纜的努力失敗了，因為電纜在海裡不能五公里接一段。第二、三次嘗試又慘痛地失敗了。最後，在一八五八年，電纜鋪設好了，但是只運營了幾個星期就停了。

大東公司加入，但是在鋪到二千四百英哩的地方電纜又斷了，這次損失六百萬美元。一八六六年七月二十七日，經過十二年不懈的努力之後，電纜鋪設成功了，從紐芬蘭向紐約傳來了如下訊息：「我們今天早上九點大功告成，我們都很平安，謝謝上帝，電纜鋪好了，運行正常。費爾德。」他們成功了。

永不放棄的人總會成功。對他們來說，成功就像早上的太陽一定要出來那樣肯定！

信念是可以選擇和培養的

▼一個人的信念是可以選擇的

哈佛大學最傑出的心理學教授威廉・詹姆斯曾寫下這幾句話：「幾乎不論任何課程，只要你對它滿懷熱忱；就可確保無事。倘使你對某項結果關心，你自然會獲得成功、如果你想做好，你就會做好。若是你想博學，你就會博學。」

信念不是自然生成的，乃是我們從過去的經驗中累積而學會的，它是我們生活中行動的指標，指出我們人生的方向，決定我們人生的品質。

有位冷酷無情的人，嗜酒如命且毒癮甚深，好幾次差點把命都給送了，就因為在酒吧裡看不順眼一位酒保而犯下殺人罪，被判了終身監禁。他有兩個兒子，年齡相差才一歲，其中一個跟他老爸一樣有很重的毒癮，靠偷竊和勒索為生，也因犯了殺人罪而坐牢。另外一個兒子不一樣，他擔任一家大企業的分公司經理，有美滿的婚姻和三個可愛的孩子。為什麼同出於一個父親，在完全相同的環境下長大，會有不同的結局，有人問起他們原因，二人竟然是相同的答案：「有這樣的父親，我還能有什麼辦法？」

我們經常以為一個人的成就深受環境影響，有什麼樣的遭遇就有什麼樣的人生。

人類對於生活中的遭遇會很主觀地賦予某種意義，有的積極、有的消極，前者可使人重拾破碎的心，繼續往前邁進，而後者很可能就此便毀掉一生。人生事十之八九是不如意的，其中甚至於有極為痛苦的遭遇，要想活下去非有積極的信念不可，這是心理醫生維克多•法蘭克從奧斯維辛集中營的種族屠殺事件中發現的道理。他注意到能從這場慘絕人寰的浩劫中，活過來的少數人都有一個共同的特質，那就是他們不但能忍受百般的折磨，且能以積極的信念去面對這些痛苦。他們相信有一天會成為活生生的見證，告訴世人不要再發生這樣的慘劇。

信念不只適用於情緒及行為上，也可以用在身體上，使之能在短時間內有極大的改變。著名的耶魯大學教授伯尼•西格爾博士以幾個針對多重人格異常的病例，證明瞭信念的異常功能。說來令人不可思議，當那些患者自認為是什麼樣的人時，他的神經系統便會傳達一個不容置疑的指令，使他身體的機能做出極大的改變。也就是說他們的身體在研究者的眼前很快地變化成另一種新的個體，例如眼珠的顏色變了、身上的某些記號消失了或出現某種特徵，甚至還產生了糖尿病或高血壓等病症。

信念可擺脫掉藥物對身體所造成的影響，人們還十分相信藥物的療效時，一門關於研究人類身心互動關係的「心理神經免疫學」就證實了幾個世紀以來的疑惑：信念對於疾病的功效扮演著極其重要的角色，甚至比治療本身來得重要。

▼重新自我認定，跨出自我限制

紫博拉是一位活力充沛、喜歡冒險的女性，但她不是一開始就是這樣。她是經過一個自我認定的轉變才成為現在這個樣子的。她說：「從小時候起，我就一直是個膽小鬼，不敢做任何運動，凡是可能受傷的活動我一概不碰。」在參加過幾次羅賓的研討會後，她有了一些新的運動經驗（潛水、赤足過火和高空跳傘），知道自己事實上可以做到一些事，只要有一些壓力即可。

雖然這麼想，可是這些體驗還能使她形成有力的信念，改變先前的自我認定，頂多自認為是個「有勇氣高空跳傘的膽小鬼」。

事實上轉變已經開始。其他的人都很羨慕她那些表現，告訴她：「我真希望也能有妳那樣的膽子，敢嘗試這麼多的冒險活動。」剛開始對大家誇獎的話的確很高興，聽多了之後她便不得不質疑起來，是不是以前錯估了自己。

「最後，」紫博拉說「我開始把痛苦跟膽小鬼的想法連在一塊兒，因為我知道膽小鬼的信念使我受限，我決心不再把自己想成是個膽小鬼。」事情並不是這麼說便完了，她的內心有很強烈的掙紮，一方是她那些朋友對她的看法，一方是她對自己的認定，兩方並不相符。

又有一次高空跳傘，她把它當成是改變自我認定的機會，要從「我可能」變成「我能夠」，而讓冒險的企圖擴大為敢於冒險的信念。

當飛機攀升到一萬二千五百英呎的高空時，紫博拉望著那些沒什麼跳傘經驗的隊友，多數人都極力壓抑著內心的恐懼，故意裝作興致很高的樣子。她告訴自己：「他們現在的樣子正是過去的我，而此刻我已不屬於他們那一群，今天我要好好地玩一玩。」

她運用了他們的恐懼，來強化出她希望變成的新角色，她心裡說道：「那就是我過去的反應。」隨後，她很驚訝地發現自己剛剛已歷經了重大的轉變，她不再是個膽小鬼，而成為一個敢冒險、有能力、正要去享受人生的女性。

她是第一位跳出飛機的隊員。下降時，她興奮地高聲狂呼，似乎這輩子就從沒有過這麼有活力和興奮。她之所以能夠跨出自我設限的那一步，原因就在於採取了新的自我認定，想好好表現，以作為其他跳傘者的好榜樣。

紫博拉完全轉變了，因為新的體驗使她能一步步淡化掉舊的自我認定，進而做出決定，要去拓展更大的可能，當機會來臨的時候，新的自我認定馬上就取代了舊有的——那個她已不再想要的自我認定。她自我認定的演變雖然很簡單，可是卻十分有效。

她新的自我認定後來不但影響了孩子、丈夫，甚至影響到她所涉及的每一樣事情，如今她已成為一位真正敢於冒險的領導者。

▼拿到一個檸檬，就榨一杯檸檬汁

有一天，愛德華・伯根到郵局去郵購一本攝影方面的書，此後天天等著郵差上門。最後，郵差總算送來他的包裹。愛德華打開包裹，滿心歡喜卻像是被人當頭潑了一盆冷水。原來包裹裡面裝的不是他訂的攝影書籍，是一本關於腹語術的書。

愛德華馬上把書包起來，準備寄回去，可是轉念一想，既然這本書就在手上，何不看看再說呢？愛德華後來變成知名的腹語專家，他創造了許多可愛的角色，他的演出廣受世人的欣賞。可以說他是大大的成功了。

愛德華．伯根的信念其實很簡單——他拿到一個檸檬，於是就榨了一杯檸檬汁。只要凡事往好處想，往往能獲得意外的收穫。那麼，一個人該怎樣強化自己的積極態度呢？下面的幾點建議可供參考：

1、制定一明確目標。

2、清楚地寫下你的目標、達到目標的計畫，以及為了達到目標你願意做的付出。

3、用強烈慾望作為達成目標的後盾，使慾望變得狂熱，讓它成為你腦子中最重要的一件事。

4、立即執行你的計畫。

5、正確而且堅定地照著計畫去做。

6、如果你遭遇到失敗，應再仔細地研究一下計畫，必要時應加以修改，別因為失敗就變更計畫。

7、與幫助你的人結成智囊團。

8、斷絕使你失去愉悅心情以及對你採取反對態度者的關係，務必使自己保持樂觀。

9、切勿在過完一天之後才發現一無所獲。你應將熱忱培養成一種習慣，而習慣需要不斷的補給。

10、無論多麼遙遠，保持著既定目標的態度推銷自己，自我暗示是培養熱忱的有利力量。

追求卓越的信念

成功之道包括自己的目標、全盤的做法、每一步的結果、變通的彈性，直到成功。建立信念也得遵循相同的途徑，你得找出能助你成功，讓你達成心願的信念。如果你的信念與其相悖，就得丟棄，並另尋其他相適應的信念。

追求卓越的信念有很多，美國成功學大師安東尼・羅賓認為擁有以下的信念十分重要：

▼相信自己大有可為

每件事的發生，一定有其原因和目的，面對不幸的事實，要盡可能地加以利用。成功者都擁有神奇的能力，能留意任何情況中的可能性，找出有利因素。不管他們的環境是多麼惡劣，總認為事有可為。他們認為任何事情的發生，是有原因的，他們相信，在任何逆境裡，總有可以利用的變化。

傑出的人具有上述想法，請你也用相同信念想想自己。在任何情況中，都有許多應變的方法。假設，失去了一筆盼望許久而深信必能得到的生意，你可能會難過或沮喪，坐在家裡發愣或外出買醉、生悶氣、罵那家搶生意的公司，或埋怨自己公司的人無能。

這些行為可能讓你的氣稍微消一些，但無濟於事，因為那並不能讓你重新獲取生意。你應該極力重新調好腳步、檢討過失、亡羊補牢，再去尋找其他的新機會，這才是扭轉乾坤的唯一之道。

瑪麗蓮・漢密爾頓曾擔任教師並當上選美皇后，也是加州佛瑞斯諾市的成功商人。她二十九歲那年，玩滑翔機失事，墜落懸崖，雖僥倖不死，但下肢癱瘓，終身離不開輪椅。

瑪麗蓮可以為此遭遇自憐自艾，但是她沒有，自從她坐上輪椅，總覺得它不太方便。正常人是無法體會出輪椅的實用性，但是瑪麗蓮認為自己可以設計出更好的輪椅。於是，她召集兩位製作滑翔翼的朋友，開始製作新輪椅的樣品。

他們為自己的公司取名為「動作設計」公司。目前該公司年營業額數百萬美元，並被選為一九八四年加州中小企業楷模。該公司於一九八一年創立，有八十名員工，經銷商店超過八百家。

成功者，就是那些能看見良機的人，即使他們走進沙漠，亦能尋找到花園。瑪麗蓮的例子就是很好的證明。

▼沒有失敗，只有結果

住在紐約的一家人，到東南亞旅行，一路上平安順利，只是回家的途中，遇上連環大車禍，延遲了五、六小時才到家。當這一家人抵達的時候，面對來迎接的親友，連呼倒楣不已。

這時一位老人趕來了。在一片倒楣氣氛中，向他們道賀，他說：「這麼大的車禍，死傷慘重，你們全家都平安回來，這不是天大的福氣嗎？」天下事，得失成敗禍福，全在一念之間。凡事往好處想，退一步必能海闊天空。

許多人深怕「失敗」，然而常常就是有許多天不從人願的時候，像功課不及格、失戀、計畫泡湯等等。我們不應該把這種情況稱作失敗，而應該稱其為「結果」。這個字眼是成功者所相信的，在他們的眼裡，沒有失敗，只有結果，失敗是動搖不了他們的。

沒有失敗這回事，只有結果。只有追求結果的人，才能獲得最後成功。成功的人不是從不失敗，他們也有勞而無功的時候，但他們認為那是學習經驗的機會，藉此經驗，再另起爐灶得到新的結果。

仔細想一想，你每天增加的一種資產或利益是什麼？答案一定是經驗了。馬克・吐溫曾經說過：「年輕而悲觀，是最悲哀的事。」他說得很對，當某人心存失敗的想法，一輩子將傭碌無為。有偉大成就的人，不把失敗放在心上，他們不讓任何有害身心的消極思想存在。

贏家、領導者、大師以及擁有個人魅力的人都懂得，如果徒勞無功，就得另謀他途，才能達成心願。我們的確是從自己的錯誤中得到經驗，有時候從他人的錯誤中學習。回想一下，從你一生中找出五種你稱之為最大的「失敗」中，看看學到了些什麼。相信這些經驗一定是你人生中最寶貴的教訓。

福勒曾說過一個船舵的比喻，他說：「當船舵偏轉一個角度，船就不會照著舵手的方向前進，而只是在原地打轉。他若想抵達目的地，就得回轉船舵，不斷地調整和修正航向才行。」請把這幅畫面記在腦海裡，想像一艘船在寧靜的海面上航行，舵手做了上千次必須的修正，維持航向。這是一幅多麼美麗的畫面，告訴我們成功人生的方式。然而卻有人不這麼想，每一次的錯誤，造成他心頭上的包袱，認為那是失敗，留下長期的陰影。

例如，有許多人因為過胖而煩惱。這種態度並不能改變現狀，相反地，他們應接受事實，瞭解之所以過胖，是因為飲食沒有節制，現在應該節食減肥。如果他們真採取新的做法，就必會有新的結果。

擔心失敗，是一種毒害心靈的方式。當我們心存消極想法時，生理狀態、思考方式和心境就都跟著而變，而我們最消極的想法，莫過於擔心失敗了。舒勒博士宣導「可能性思考法」，他曾問道：「如果你預先就知道不會失敗，你會怎麼做？」好好想一想，該怎麼回答。

如果真相信不會失敗，也許你就會用一套全新的做法，得到空前的成功。在此，建議相信沒有失敗，有的只是結果。事實上，我們一直在做成結果，如果不是所要的，只要改變做法，就會有新的結果。劃掉「失敗」這個字眼，要致力於從經驗中學習。

▼不論發生什麼都要勇於負責

也許你曾多次聽過「我是主事者，我負全責」這句話，希望你不要認為那是偶然。有成就的人都相信，無論發生什麼，是好是壞，都是他們自己做的，即使不是親手做的，或多或少影響過別人。我們不知道，也沒有科學家證明過，思想會改變環境的這句話是否有道理，但它的確是有用的話，可以激勵一個人的信念。各人的人生經驗，不論是有形的行為或無形的觀念，都是自己經歷過的，可以讓我們從中學習。如果你不相信你正在改變環境，不管那環境是好是壞，那麼你就是環境的奴隸。你成了個被造者，而非創造者。

勇於負責是衡量個人能力及成熟度的最佳方法之一，由此也可看出一個人其他的信念，考驗他是否是心口如一的人。如果你不相信會有失敗的情形，而只相信會有最後的結果，那麼勇於負責的態度，並不會讓你失去什麼，反而會有許多收穫。在自我控制之下，必將會成功。

許多人一定有過向別人表達善意，卻沒料到對方不領情，造成反唇相譏、怒目相視的經驗。有時候在追究挑起爭端責任時，你曾責備，要其負責。雖然這樣做很簡單，但不見得聰明。既然你說的話成為導火線，你只要換個態度、口氣、臉色即可。我們說過，溝通的意義在於達成目的，如果你換個態度，就可改變你的溝通方式；你敢負責，就能得到掌握形勢的力量。

▼不一定要完全知道細節才採取行動

有許多成功者不相信做任何事都得完全清楚細節，他們知道什麼是必須知道的，而不讓細節拖慢前進的腳步。那些能幹的人，在做許多事時都有一套工作哲學，就是不完全理會每一細節。

模仿別人可以節省我們的時間。從對成功者的觀察中，你就能學到他們的技巧，得到相同的成功，可是花的時間更少。成功的人惜時如金，成功者擅長於區分什麼該是他們知道的，什麼是不必知道的。你應該在行與知之間找到平衡點，投下全部時間探討根本的事項，或僅攫取既有的經驗。要成功是不需要知道一切的。

▼全力以赴

若不全心投入，就不會有持久的成功。成功者都相信熱誠的力量，如果要挑出一個與成功不可分的信念，那就是完全的投入。你可以觀察各行各業中的佼佼者，不一定都是最優秀的、最聰明的、最敏捷的、最健壯的，但絕對都是最苦幹的。蘇俄的一位著名芭蕾舞家說過：「不休止地朝著一個目標，那就是成功的祕訣。」知道目標，找出好的方法，起身去做，觀察每個步驟的結果，不斷修正調整，以達目標為止。

在任何領域中，我們都可看到全心投入的例子，甚至於在以體力爭勝的領域中。就以體育界來說吧，是什麼因素讓拉瑞•勃德成為美國職業籃球賽中最佳的球員之一？有許多人一直都感到奇怪。他行動慢、又跳不高，在以重視手腳迅速敏捷的世界裡，勃德的行動看起來彷彿是慢動作。但是當你詳細分析後會發現，勃德之所以能成功，就在於他全心投入。他平日辛勤苦練，矢志不渝，打起球來比別人認真，對自己要求也高，結果成就也冠於他人。

另外再看看偉大的高爾夫球手湯姆•沃森，當他在史丹福大學時仍是默默無聞。雖然他只是隊中的一名普通球員，但他的教練對其苦練的精神萬分稱許，認為是他一生中僅見的用功球員。在以技巧取勝的領域中，唯有埋頭苦練，方能脫穎而出。

全心投入的確是任何領域成功的重要因素。在丹雷瑟尚未成名之前，就是休士頓電視公司裡最辛勤工作的新聞記者。同事常津津樂道他有次為了採訪龍捲風即將肆虐德州海邊的新聞，不惜把自己綁在現場的樹上。

羅賓發現，這五種信念在他所模仿的那些成功者身上的確管用。它們鼓舞人們不斷運用這些信念，做得更多更好、得到更佳的結果。這五樣不是成功唯一的信念，只是開始，它們幫助過別人，也希望有益於你。

培養堅強的意志

一個人如果有堅強意志，往往在困難和挫折面前能激發出無窮的力量和智慧，把自身的潛能充分調動和發掘出來，以頑強的毅力克服種種不利因素，最後走上成功之路。

貝多芬是世界著名的音樂家，成為德國的驕傲，被後人尊為樂聖，他給後人留下了許多不朽的作品。

法國著名作家羅曼・羅蘭曾對貝多芬的一生感慨萬分：「世界不給他歡樂，他卻創造歡樂給世界！」他之所以這樣說，是因為貝多芬成就的取得非同一般，經歷了常人想像不到的磨難。

貝多芬彈得一手好鋼琴，正當他奮發向上，準備向新的高峰挺進時，一場可怕的災難降臨到他的頭上，他患了耳炎。這對一個從事音樂演奏和創作的人來說，是一個致命的打擊。

他內心受著煎熬，卻不願向別人說出這巨大不幸，但他的聽力越來越衰退，他在田野上漫步時，再也聽不到昔日遠處牧羊人的歌聲和宛轉悠揚的笛聲。他痛苦至極，絕望了，甚至給弟弟寫下了遺囑，想結束三十二歲的生命。

然而，堅強的意志和對音樂的熱愛，為藝術獻身的信念，使貝多芬鼓起了生活的勇氣。

不能再彈琴了，他就轉而把精力都投入到創作上，專門從事音樂創作。有時為了「聽」一下曲子的音響效果，他就用一根小木棍，一頭咬在嘴裡，一頭插在鋼琴的琴箱裡，透過木棍來感受音樂。就這樣，經過不懈的努力，患有嚴重耳疾的貝多芬到逝世時，為人類留下了二百多部作品，其中有不少不朽之作，這麼多作品幾乎都是他在耳聾之後創作的。

由此可以看出，具有頑強意志的人，就像一顆大樹一樣，傲然挺拔，他們面對困難和挫折，不灰心喪氣，更不會退縮，堅信自己經過艱辛的努力一定會把事情辦好。

國內外眾多的實例證明：頑強的意志和毅力能夠有力地支撐起信念這面大旗，

能夠格外地吃苦耐勞，克服別人克服不了的困難，激發出潛在的巨大能量，發揮出超常的聰明才智，最後一定會走向成功。

那麼，該怎樣培養堅強的意志呢？

▼信念需要勇氣作動力

當人已經形成堅定的信念的時候，能否果斷地採取行動，逐步將植入腦中的信念化為活生生的現實，卻需要極大的勇氣。沒有勇氣作動力的信念，有如沒加油的高級轎車，是無法啟動的。這個問題說起來容易，做起來很難。因為無論追求什麼樣的信念，首先要付出相當的代價。

比如要利用業餘時間寫書，就要犧牲休息時間，絞盡腦汁，挑燈夜戰，伏案筆耕。經過長時間的耕耘，才會最終有收穫。

▼用夢想激勵訓練意志力

夢想是和自己的命運緊密結合在一起的。不甘於失敗、挫折和平庸，不找藉口為自己開脫，甚至在沒有任何成功跡象的時候，仍然夢想著並堅持下去。這樣，你就會變得振奮、自信，具有堅強的意志力和滿腔的熱情，走進為自己重新建造起來的新生活。

日本有一所「勇氣學校」，教導學生如何學會重新夢想成功，對事業上失敗的競爭者進行鍛鍊。

學員們按照學校的要求，在身上掛滿了令自己慚愧不已的性格弱點的小紙條，還有自己的理想和下一階段的奮鬥目標。他們每天吟誦不已，以激勵鬥志，改換精神面貌。

上課時則輪流敘述自己的夢想，並在最後用力喊道：「我一定要實現！」這種方式會以強大的衝擊力喚醒一個人沉睡的心靈。據說從「勇氣學校」出來的人，大多表現了頑強拼搏的意志，進而重新獲得事業的成功。

實現夢想，實際上是個如何激發動機、立志圖變的過程。在一定的情況下，夢想可以變為現實。

從實現夢想的奮鬥過程中，可以培養一個人堅定的意志，其具體的過程可採用以下的方法。

1、每天想像自己的目標，檢查自己的努力。

這種方法就是將自己心中的夢想記下，然後依慾望的大小，確定順序，而且每一項只能有一種。在早起或睡前三分鐘，默想一下，檢查一下自己有沒有朝這方面努力，再想一想明天應該做什麼，怎麼做。

只要這個夢想存在於腦海中，它就有誘惑力，而且誘惑力越大，你的動機就越強，努力的方向就愈明確，它就會有意無意地推動著你朝著這個目標努力。

美國的亞琳・達爾是個愛「做夢」的人，並成功地將夢想變為了現實。她本來是一個成功的女演員，現在則又是企業家兼作家。

她的夢想實現法是：「每年一月一日那天，拿出一張紙和一個信封，把生活中想要改變的一切都寫下來。它可能是個自我完善的計畫、節食計畫、學一種語言或是業務上的事情——任何我感到為了完善自己，在新的一年裡需要做的事情。然後當記下十或十二件事之後，在紙上標好日期，把它裝進信封並封好。接下來，把信放在抽屜裡，在七月一日以前不去動它。但是，在這六個月中，這些目標在我的潛意識裡起著作用。我發現自己在實現這些目標。因此，在七月一日打開信封時，我往往因為許多事情可以被劃掉而感到驚訝。至於那些沒有做的事，我繼續做。這些又進入了抽屜和我的潛意識中，到了年底，我把它們劃掉——如果完成的話。如果沒完成，我就把它們排在下一年計畫的最前面。」

2、時刻保持著「既定目標角色」的使命感。

美國肯塔基州的一位醫生，從小是個孤兒，但後來卻成為出色的名醫，他的成功，便與夢的暗示有關。

他說：「我是由姑媽撫養的。暑假時，則由外祖母和兩個姨媽撫養。姑媽說了一個我將來成了一名醫生的故事給我聽。」他還說：「事實上，我在七歲時就知道我是個醫生。」

從此，他遵從這種引導，並時刻保持著這種醫生的使命感。夢想是很有力的暗示，雖然夢想往往不一定成功，但不去嚮往勝利，或者一開始就感到自己會輸，那就肯定會失敗。如果說，樹立目標是夢想實現法的第一步，那麼暗示的力量——奔向目標的積極心態與多種準備和努力，則是夢想實現法的推動器。

3、要充滿熱情地透過自我暗示激勵自己。

每個人都能透過暗示或自我暗示激勵自己。一種最有效的形式就是有意識地記住一句話，以便在需要的時候，能從潛意識中得到鼓勵。

威廉・丹福斯是美國密蘇里州某農場的一個生病的孩子，他的老師鼓勵他成為學校裡最健康的孩子。於是「我激勵你」成了威廉・丹福斯一生自我激勵的警言。這句話果真使他成了學校中最健康的孩子，並激勵他建立了美國最大的公司之一的若爾斯通・倍里拉公司。

他還組織了美國青年基金會，幫助青年訓練獨立生活的能力。後來，他又寫了一本書，書名就叫《我激勵你》。

在運用夢想實現法時，要充滿熱情，不要在一、兩次拼搏後就輕易劃上句號。要善於保護自己已經形成的熱情和激情，做好承受各種挫折的思想準備，這樣才能一步一步地去實現理想。

▼隨時隨地地注意鍛鍊自己的意志

磨練自己的意志與做一件重大的事情一樣，需要長時間的實踐和累積。

如果你還不具備堅強的意志，那麼從現在開始，照下面這些方法去做，將使你的恒心、耐心、毅力、韌性大有改觀。

1、試著晚睡半小時或者早起半小時，天天如此，絕不鬆懈，屹立不搖。

2、無論做什麼事，都不要想著很快結束，即使別人已丟下工作去看球賽或者休息去了，你要最後一個離開辦公室。

3、當你急躁或者憤怒的時候，絕不跺腳和發牢騷或口吐狂言，若無其事地坐下來，閉上眼睛做深呼吸，當什麼事情都沒有發生。

4、專心致志地做自己認定的事，不怕別人的議論和嘲笑，不為潮流所動，不信自己做不出名堂，甘願當一個不識時務的傻子。

5、在做一件事之前，不要想著一下子就能成功、要有重新開始的心理準備，失敗了再來一次，直到成功為止。

6、記住世上沒有一帆風順的事情，隨時都要準備迎接困難和挫折的挑戰，要有在逆境中堅持奮鬥的勇氣：明知山有虎，偏向虎山行。

7、沒有深思熟慮不要貿然行動，一旦行動就不要半途而廢，不到山窮水盡的時候，絕不輕易放棄努力，要有一條路走到底的氣魄，要有不到黃河心不死的氣概。

8、做一件事即使因各種原因暫時停了下來，但是千萬不要絕望，仍然經常思考和尋找著實現目的的途徑，一旦時機成熟和有了對策，就繼續做下去，直到看見勝利的曙光……堅持來自於頑強的意志，頑強的意志保證了堅持。只要有了鋼鐵般的意志，世界上還有什麼樣的困難無法克服呢！

步驟六

克服
拖延的壞毛病

到美國首府華盛頓觀光的旅客總不免要到華盛頓紀念碑一遊。

紀念碑遊客如織，導遊大概會告訴你，

排隊等搭電梯上紀念碑頂就要等上二個鐘頭。

但是他還會加上一句：「如果你願意爬樓梯，那麼一秒鐘也不必等。」

這句話說得多麼真切！不止華盛頓紀念碑如此，

對於人生之旅又何嘗不是！克服拖拉的壞毛病，

現在就付諸行動，才可能踏上卓越之途。

等待和觀望永遠不會成功

想要實現你的人生目標，現在就去做！如果你不現在就行動，將永遠不會有任何行動。沒有任何事情比開始行動、下定決心更有效果。如果你現在不去做，就永遠不會有任何進展。

有一個古老的說法是一樣的：「沒有任何想法比這個念頭更有力量，那就是：時候到了！」就我的看法而言，創造出天地萬物的全能上帝不會毫無緣故地賦予你希望、夢想、野心或創意，除非你行動的時機已到！

今天就是行動的那一天！

大多數人只能庸庸碌碌的過一生，並不是因為他們懶惰、愚笨或習慣做錯事；大多數的人不成功的原因在於他們沒有做對事情。他們不曉得成功和失敗的分野何在。要達到成功的第一條守則就是：開始行動，向目標前進！而第二條守則是：每天繼續行動，不斷地向前進！

長期對體重過重的人作諮詢的經驗中，我們還可學到另一項原理：許多肥胖的人會以肥胖為理由，拒絕做某些事。例如，他們會說：「當我瘦下來時，我就可以搭遊艇……或我就可以得到另一份工作……或我將可以搬家……或我就會找到另一半等等。」他們像是住在一個神祕的地方，鄧尼斯・維特雷把這個地方叫做「未來幻想島」。在「未來幻想島」上，每件事似乎都可能發生，但實際上卻沒有任何事情會真的實現，因為你永遠都到不了這個地方。

不要等待奇蹟發生。要開始實踐你的夢想。今天就開始行動！對肥胖的人來說，每天散散步也不是件大不了的事，但是一旦付諸實行後，這就是一件大成就，何況，散步的確會讓你的體重明顯下降。

你現在就可以開始行動，朝著理想大步邁進。

行動的步驟應該有哪些？把它們一一列出來，然後，開始逐項實行。今天馬上行動！明天也不能懈怠！每天都要持續行動，起步向前走！

當你要擴展銷售業績，你的行動方案就應該包括增加打電話的次數。如果你只打了幾個電話，應該再多打幾個，設定每天的目標，並且遵守它。

如果你想轉換工作，需要接受特殊的職業教育訓練，馬上報名參加、繳學費、買書、上課，並且認真的學習。

如果你想學畫畫，先找到適合你的老師，購買需要的畫具，然後開始練習。

如果你想要旅行，到旅行社詢問行程的安排，立刻著手規劃。

無論你的目標或夢想是什麼，你今天就可以開始行動，並且遵循不懈！

「拖拉」是阻礙成功的不良習慣

哈佛大學著名天文學家班傑明・皮爾斯教授說：「不要以為拖拖拉拉的習慣只是小毛病，它是個能使你的抱負落空、破壞你的幸福、甚至奪去你的生命的惡棍。」

皮爾斯教授的學生諾曼是一個做事拖拉的學生。但是，他覺得自己無法改變這種習慣。

一天，皮爾斯教授對他說：「諾曼，你不該認為你的這種拖拉作風是你天生的個性，或者也許是一種不可救藥的毛病，實際上並不是這樣。這是一種壞習慣。正如所有的別的習慣一樣，它也同樣可以被克服掉。你最好還是在這個惡習把你擊敗之前就把它除掉吧。」

這番警告使諾曼受到震驚。他決心著手解決這個問題，直到徹底戰勝它為止。

在皮爾斯教授的指導下，諾曼終於成功地改掉了拖拉的惡習。事後，他把自己從皮爾斯教授那裡學來的經驗總結了出來：

▼不要把拖延看作是一種無所謂的耽擱

一個企業家可能因為沒能及時做出關鍵性的決策而遭到失敗。學生可能因為沒有及時掌握應有的知識而失去獲得學位的資格。延誤了看病時間，會給人的生命帶來無法挽回的影響。拖拖拉拉的壞習慣是成功的最大敵人之一。

▼學會安排事項的先後次序

雜亂無章和拖延總是連在一起的，因為兩者可以說是「相得益彰」的。如果一個人的桌面上擺著十件待處理的事情，那麼單單是決定從何下手就要頗費一番功夫。人在無心的時候，總是隨意選擇一件事做，或者做些不重要的事，而常常忽略了重要的事項。其實，要改變這一壞習慣不很難，那就是學會安排事務的輕重緩急。比如每天晚上把所有第二天該做的事一一列在紙上，並按它的重要性依次排隊。這樣，第二天你就可以按部就班地處理它們，每做完一件事，就高興地在紙上劃掉一項。

這個經驗看起來也許是最簡單不過的，但是你在完成一件事之後，再著手處理另一件事，這樣為你節省的時間和精力卻是驚人的！

▼不要為追求十全十美而裹足不前

有些人對採取行動望而卻步，是因為害怕自己做得也許不那麼完美。諾曼說：「我一直想給我的一位朋友寫封信，他的爸爸剛剛去世。可是我又不知道該怎樣寫安慰信，也不知如何才能表達自己的心情。」皮爾斯教授問他：「你指的是什麼心情呢？」他說：「我十分難過。我一直在為他祈禱。」皮爾斯教授把諾曼的這些話草草地抄寫在一張紙上遞給他，並說：「這就是你要說的一切。你的朋友並不想要一份作文，他需要的只是幾句發自內心的話。」

從今天開始就要好好地工作

曾有一位員工在年底受到老闆忠告說：「希望明年開始，你能好好認真地做下去。」可是那位員工卻回答說：「不！我要從今天開始就好好地認真工作。」雖然告訴你明年，其實就是要你現在開始的意思。不從今天而從明天才開始，好像也不錯，然而還是要有「就從今天開始」的精神才是最重要的。

凡事都留待明天處理的態度就是拖延，這不但是阻礙進步的惡習，也會加深生活的壓力。對某些人而言，拖延是一種心病，它使人生充滿了挫折、不滿與失落感。

雖然大多數人拖延的主要原因只有一個，如：害怕失敗。但是喜歡拖延的人總是有許多藉口：工作太無聊、太辛苦、工作環境不好、上司不體諒我、完成期限太趕等等。

所以，從現在起就下定決心、洗心革面。拿支筆來，將底下對你最有用的建議畫條線，並且把這些建議寫到另一張紙上，再將它放在你觸目可及的地方，如此可有助你完成改革行動。

1、列出你立即可做的事。從最簡單、用很少的時間就可完成的事開始。

2、持續五分鐘的熱度。要求自己針對已經拖延的事項不間斷地做五分鐘：把鬧鐘設定每五分鐘響一次；然後，著手利用這五分鐘；時間到時，停下來休息一下。休息時，可以做個深呼吸，喝口咖啡。之後，欣賞一下自己這五分鐘的成績。接下來重覆這個過程，直到你不需要鬧鐘為止。

3、運用切香腸的技巧。所謂切香腸的技巧，就是不要一次吃完整條香腸，最好是把它切成小片，小口小口地慢慢品嚐。同樣的道理也可以適用在你的工作上：先把工作分成幾個小部分，分別詳列在紙上，然後把每一部分再細分為幾個步驟，使得每一個步驟都可在一個工作天之內完成。每次開始一個新的步驟時，不到完成，絕不離開工作區域。如果一定要中斷的話，最好是在工作告一個段落時，使得工作容易銜接。不論你是完成一個步驟，或暫時中斷工作，記住要為已完成的工作給自己一些獎勵。

4、把工作的情況告訴別人。讓關心這份工作的人知道你的進度和預定完成的期限。注意「預定」這個辭彙，你要避免用類似「打算」、「希望」和「應該」等字眼來說明你的進度。這些字眼表示，就算你失敗了，也不要別人為你沮喪。告訴別人的同時，除了會讓你更能感受到期限的壓力外，還能讓你有聽聽別人看法的機會。

6、在行事曆上記下所有的工作日期。把開始日期、預定完成日期、還有其間各階段的完成期限記下來。不要忘了切香腸的原則：分成小步驟來完成。一方面能減輕壓力，另一方面還能保留推動你前進的適當壓力。

7、保持清醒。有拖延惡習的人總是覺得疲倦不堪。你以為閒著沒事會很輕鬆嗎？其實，這是相當累人的一種折磨。不論他們每天多麼努力地決定重新開始；也不管他們用多少方法來逃避責任；該做的事，還是得做，壓力不會無故消失。事實上，隨著完成期限的逼近，壓力反而與日俱增。奇怪的是，這些經常喊累的拖延者，卻可以在健身房、酒吧或購物中心流連數個小時，而毫無倦意。但是，看看他們上班的模樣！你是否常聽他們說：「天啊，真希望明天不用上班！」帶著這樣的念頭去健身房、酒吧、購物中心之後，只會讓工作壓力越來越大。要克服因拖延所帶來的疲累感，不妨試著從工作中尋找努力的意義，或是尋求某個你信服的價值觀或做事方法，如果必要的話，想想工作完成後的成就感。如果你缺乏目標，你的工作不是讓你精疲力竭，就是讓你覺得無聊透頂。

8、追求卓越，而非追求完美。喜歡拖延的人，通常都是表面的完美主義者。完美主義者的要求如此之高，而對批評的容忍度又如此之低，以致他們成為毫無活動力的人。他們沒有一件事做得盡善盡美，而且任何批評都會造成他們情緒的大地震。

完美主義者覺得沒有人能做得比他們好，所以不會授權給別人。而且自認自己比別人都行，因此拒絕別人的建議，不要求任何協助。他們會無限期的延長工作完成的時間，因為他們需要多一點時間，讓它更完美，而忽視別人的需要。他們以為只要他們一直在做事，就表示還沒有完成；只要還沒有完成，他們就可避免別人的批評。

許多優秀的科學研究人員、分析專家、評論家或作家，都以身為完美主義者為榮。完美主義讓他們覺得，即使他們什麼事都有做，也還是比別人優越。

完美主義者之所以如此，背後通常都有其光榮歷史。完美主義者在求學階段，通常是那些到最後一分鐘才趕報告的好學生。因為他們追求完美，所以總是不到最後關頭，絕不寫報告，免得招致批評。

但是，又因為他們處理資料的能力非常好，所以總是能有好成績。如果他們的老師恰巧在他的報告裡找到一個毛病，完美主義者會告訴自己：如果他們能再多花一點時間，報告絕對會十全十美。在生活中沒有必要追求完美，卓越就好，用不著把自己的生活弄得緊張兮兮的！

如果你喜歡拖延，現在就開始工作吧！

雖然這樣無法保證你不會被批評，不過，如果你做都不做，失敗是一定無法避免的。假使你的最佳表現也不夠好，那麼，從錯誤中學習吧！同時，從你做「對」的事情中學習。

成功的人都曾犯錯。但是，即使是那些非常努力，卻只獲得短暫成功的人，也比那些心懷懼怕，永遠沒有盡力完成任何事的人，來得充實、愉快多了！

讓自己立刻開始行動

無論做什麼事情，只停留在嘴上是不夠的，關鍵要落實在行動上。

投身慈善事業的黑爾姆夫人曾向斯特威夫人談及她的成功之道，她說：「我發現，如果我要完成一件事情，我得立刻動手去做，空談無益於事！」黑爾姆夫人的這句話放之四海而皆準。

誇誇其談、嘩眾取寵而不注重執行的人最令人反感，成功也永遠不會光顧這種華而不實，說而不做的人。如果黑爾姆夫人僅僅滿足於她的動聽的演講，陶醉於她那美好的計劃之中，她自然就永遠也不可能超出言談的範圍，她就只不過是一個空談家而已。

人們也就不會相信她所說的一切。但當人們親眼看到黑爾姆夫人以自己的行動實現了她的計劃時，人們才贊同她的觀點，才樂意援手相助。

查斯特・菲爾德爵士說：「最大的成功者並不是那些嘴上說得天花亂墜的人，也不是那些把一切都設想得盡善盡美的人，而是那些最腳踏實地去做的人。」

第二次世界大戰中三巨頭之一的邱吉爾，平均每天工作十七個小時，還使得十位祕書也整日忙得團團轉。

為了提高弛緩的政府機構工作效率，邱吉爾還制定了一種體制，他給那些行事遲緩的官員們的公文上，都貼上一張「現在就行動」的字條。

今天最有潛力，最有價值。只有今天，才能揭示人生的意義，只有今天，才能描繪意想中「明天」的藍圖。

「努力就從今日起」，應該成為我們的行動格言，應該用智慧開掘今天的寶藏，用汗水開發今天的生活。「努力就從今日起」不僅是人才成功之道，而且是任何有作為的人在不同的領域有所建樹的重要條件。

有這樣一個故事：

一位青年畫家把自己的作品拿給大畫家柯羅指導。柯羅指出了幾處他不滿意的地方。

「謝謝您，」青年畫家說，「明天我全部修改。」

柯羅激動地問：「為什麼要明天？你想明天才改嗎？要是你今晚就死了呢？」「努力就從今日起」，不要想著明天再做。許多人也知道時間珍貴，可總是抓不住，這是什麼原因？

一個重要的原因是這些人往往只寄希望於「明天」，這些人的一個共同特點，就是喜歡往後「借」時間，總是一次又一次地把希望寄託在明天，所以，許多寶貴的學習時間就這樣地在自我安慰中悄悄地跑掉了。

他們做一番事業的願望總在設想階段，好像一粒種子，在手裡老是掂來掂去，總沒把它埋到泥土裡，讓它生根、開花、結果，到最後種子壞了，種下去也沒用。

正如《唐・吉訶德》的作者塞文提斯所講：「取道於『等一等』之路，走進去的只能是『永不』之室。」

一位哲人說：「最好不是在夕陽西下的時候幻想什麼，而是在旭日初升的時候即投入工作。」

為什麼人們對於現狀明明不滿意，可是卻不願意努力去改變呢？那是因為他們知道任何改變都會把他們帶向另一個未知，而大部分人對於未知多抱著一種恐懼的心理，唯恐它會帶來預想不到的痛苦。

像俗話說：「認識的魔鬼總是比不認識的魔鬼要好一些。」或另外一句俗話說：「一鳥在手，勝過二鳥在林。」這都足以證明人們喜歡做自己熟悉的事，也無怪乎大家都不願拿出行動，去改變自己的命運。

如果你想實現自己的目標，建立起屬於自己的事業，那麼，就得抓緊時間，把握現在。

如果你不知如何下手，可以嘗試如下步驟：

1、寫下四個已經拖延很久但得馬上拿出來的行動。也許是找工作、減肥、戒菸或重新聯絡一位老朋友。

2、在這四個行動之下各寫下這些問題：為什麼我先前沒有行動？是不是當時有什麼困難？回答這些問題有助於你認識躊躇不前的原因，乃是跟去做的痛苦有關，因而寧可拖延。如果你認為這跟痛苦無關的話，那麼不妨再多想一想，或許是這個痛苦在你眼裡應該微不足道，以致於並不認為那是痛苦了。

3、寫下你拖延那四個行動而覺得快樂的理由。例如你認為應該減肥，那麼又為什麼要吃下漢堡、薯條和可樂呢？是不是你覺得無法做到為了減肥而得忍受少吃的痛苦，而吃這麼多高熱量及高脂肪的食物的確能使你快樂，以致你遲遲不拿出行動？你若是希望能有長期效果的改變，那麼就得找出能使你快樂而不會有反效果的新方法，這樣才能使你明白什麼才是你追求的目標。

4、寫下如果你不馬上改變所會造成的後果。如果你不停止再吃那麼多的糖分和脂肪，那麼會怎麼樣？如果你不停止抽菸，後果會如何？如果你不打通認為應該打的電話會怎樣？如果你不每天運動的話，對健康會有什麼影響？二年、三年、四年及五年後會出什麼樣的毛病？如果你不改變的話，在人際關係上得付出什麼樣的代價？在自我形象上會付出什麼代價？在錢財上會付出什麼樣的代價？對這些問題你要怎麼回答呢？可別只是說：「我會破點財。」或：「我會變胖。」這種回答是不夠的，你得找出能使你感到痛苦的答案，那麼這時痛苦便會成為你的朋友，幫助你推向另一層次的人生。

5、你要寫下那四個行動後的所有快樂。你要寫得越多越好，這樣才會鼓起你的衝勁，想掌握自己的人生，這時你可能會很興奮地說道：「我將能掌握自己的人生了，我將對自己更有自信了，我將會更健康，我的人際關係將更好，我在各方面將會做得更好，我的人生從現在開始將會比以前更好，並且一直延續到二年、三年、五年乃至十年之後，只要我採取行動，就必然能實現所作的夢。」

人生短暫，不容蹉跎，你在人生中真正能抓住的時間就是現在、就是今天。

克服拖延的習慣

到美國首府華盛頓觀光的旅客總不免要到華盛頓紀念碑一遊。紀念碑遊客如織，導遊會告訴你，排隊等搭電梯上紀念碑頂就要等上三個鐘頭。但是他還會加上一句：「如果你願意爬樓梯，那麼一秒鐘也不必等。」

仔細想想，這句話說得多麼真切！不止華盛頓紀念碑如此，對於人生之旅又何嘗不是！說得更精確一點，通往人生頂峰的電梯不只是客滿而已，它已經故障了，而且永遠都修不好，每一個想要往上爬的人都必須老老實實地爬樓梯。只要你願意爬樓梯，一次一步，那麼我們將在頂峰相會。

翻閱歷史，所有偉大人物的歷史，都是一部和時間賽跑的歷史。馬克思說：「我不得不利用我還能工作的時時刻刻來完成我的著作。」他的頭腦就像停在軍港裡待命的一艘軍艦，準備一接到通知就開向任何思想的海洋。

戒除拖延的妙方就是學會如何與跳動的脈搏一樣，和正在想溜走的「現在」打交道。在每個人的生命河流裡，都泛著分分秒秒光陰的波浪，它們稍縱即逝，卻又「法力無邊」，能把你推向成功的彼岸，也會引你觸礁覆沒在險灘。時間中唯有「現在」最寶貴，抓住了「現在」，亦即抓住了時間，成功就會向你招手。而「拖」卻是影響你抓住「現在」的最大障礙，就像你成功航線上的礁石。

那麼，該怎樣克服拖拉的習慣呢？以下幾點可供我們參考：

▼定出期限

即使計劃中沒有時限，你也要為自己定上一個。要真有那麼一個時限，那在終期來臨之際再去看看做了多少工作，你也許就會嚇一跳。所以，在每一週末來臨之際，你都問問自己究竟做了多少事？

▼砍掉支支節節

注意因事情停止和重新返工而浪費掉的時間和精力。要學會在某段時間內集中心力於某一件事，這會給你自己樹立一種風範。而且，在你放下一件事情以前，你都力求把它了結，或至少提出解決的辦法來，那樣，你也就給自己培養了一種很好的習慣，這種習慣會為你的將來帶來很好的報償。

▼分析利弊

對目標有意識地加以分析，看看儘快實踐有什麼好處，拖延有哪些壞處，這對下定決心立即著手很有督促作用。

▼把大塊任務切割成小塊

善於化大為小，難題就好解決了。成功的人大都懂得這種方法的價值。你想寫一本二百頁的書嗎？每天寫一頁，不到七個月就可完成。想一下寫完，只會被目標本身嚇倒。有了艱巨的任務，第一步分解它，化成一系列小任務，再一個接一個地完成。

▼正視不合心意的工作

找一段時間專做不合心意的事務，是磨練意志，克服拖延的好辦法。

▼要有執行的勇氣

勇氣是克服怯懦，付諸實施的能力。潛力之所以沒發揮出來，是因為自己限制了自己，突破膽怯的限制，就能充分發揮潛力。

▼利用興致

你無意寫報告，卻可能有興致翻閱有關資料；不想修天線，卻可能願意搜集所需零件。在該辦的事中先挑有興致的做，讓精神狀態為你服務。

▼立即動手

你的庭院該打掃了嗎？現在就去找工具。得交報告嗎？馬上拿出紙列上幾個要點。要命令自己，絕不拖延，有事及早做。

▼向別人保證

提出保證，限定時間完成任務，會使人產生一種有益的壓力和時間緊迫感，這會有效地克服拖延。

▼每天做結算

「明天即在眼前，學會把每一天當作禮物來對待」。每天起床前要決心過好今天，還準備讓明天過得更好。把時間看作財富，你就不會再拖拉了。最後，最好每天早晨問問自己：「我面臨的最大問題是什麼？今天打算把它解決到什麼程度？該做哪些事？」不要忘記，克服了拖拉的習慣，你就會跑在時間的前面。

在工作中保持較高的效率

哈佛大學教育發展中心教授米歐爾・柯達博士總結了保持較高的工作效率的六大法則：

一、**培養動力**

成功的第一條法則是具備動力。懂得如何去聚集它，如何去將它集中使用固然重要，但首先你必須具備它——大多數的人並非如此。

動力是一種積極的主動的力量，是一種去做、並且正確地去做事情的願望，是懷著一個特定的目標，從一點向另一點移動，向著新的目標前進的願望，是去成就既定工作的願望。有些人從小就有這種動力，他們一心一意地去做他們所做的每一件事，他們必然獲得成功。另一些人只是在他們願意或不得不去做的時候，才開始努力，這不過是一條艱難的上坡路。

發揮動力的最佳方法也許是這樣的：把你一天的時間分割成若干部分，把每一部分都當作是獨立的有價值的部分。一旦你把工作拆成許多部分，你就能投身於其中之一，把它完成，然後再繼續做下一項。這樣會使你改變速度，並且不斷享受完成任務的成就感。

多年前，米歇爾教授也曾總是在焦躁和惱怒的情緒中開始一天的工作的。來到辦公室，桌子上已是一大堆文件，電話鈴在響，人們在排著隊等待會見。等到十一點鍾，他已被搞得過度緊張，筋疲力盡了，怨恨只工作了兩個小時，一件事也沒成就。最後他斷定，重要的是在一天的開始就把一件事完成，不管它是多麼瑣細。他決定在第一個小時回覆信件，不接電話，不會見任何人。他把這些來信視為工作的一個獨立部分。當他讀完它們，回答了它們，在需要採取措施的地方採取了措施之後，他便完全超脫了。

二、控制惰性

很多人之所以失敗，是因為我們對於面前棘手的工作拖著不辦。原因是被惰性所控制了，而如果讓這種惰性發展下去，它會產生一種永久的慣性。克服的辦法是利用它，讓消極的力量轉化為積極的動力。

假設你有一項較大的工作，它需要花費幾個小時去完成。你對自己說，等把它做完了的時候，你又可以清閒了，現在阻礙你去享清福的就是這項工作。然後，就像它是你的敵人一樣，向它進攻，把它打跑，你便為自己贏得了休息的時間。

一旦你獲得了開動自己旺盛精力的能力時，你便能夠在一段較長的時間裡使用它了。關鍵在於一開始就使用它，等運用自如時，你會馬上發現這是用之不竭的力量源泉。

記住，著手某件事情後，就去完成它。精力在成功之中更新，而在事情的拖延之中衰敗。如果在早晨開始之時就猶豫不決或者失敗，那麼，一整天你都會持續這種狀態。

三、順其自然

許多人是把自己鎖在與自己的習慣和行為方式的精神狀態中。再沒有比這更具有破壞力了。假如你不是一個早起的人，就不要把重要的工作安排在一天的開始。而如果你習慣早睡早起，那一早就去做最重要的工作。

倘使你想豐富自己的日常工作，那要設計一個切實可行而且行之有效的計劃。但它必須是靈活的，以便使你不時地改變工作速度。當然，你將不得不一次又一次地妥協，但要記住，與自己的意願作抗爭所消耗的精力越多，用於你工作中的則越少。

四、抵制厭倦

厭倦對一個人元氣的損傷是無可比擬的。假如你陷入了使你活力減退的煩躁之中，按下列方法作一嘗試：

◆和自己打賭，在一天結束之前，你能完成你必須完成的工作，當完成時給自己以獎勵。

◆一天給自己確立一個主要目標。無論放棄其他什麼事情，都要達到這個目標。

◆在一星期中確定一天為「追趕」日，這樣在其他日子裡可避開大部分瑣碎和惱人的事。

◆做每件工作都給自己一個時間限制。大多數的人在截止日期前能最佳地集中精力。

◆不要把一天當作時間進程的延續，那樣沒完成的工作便可推遲到下一天。有成就的人在計劃他們的生命時，是著眼於每一天的成就，讓每一天都有特定的收穫。這種緊迫感自然會導致全神貫注工作的無窮力量。因此要學會把每一天視為一個重要的獨立的時間單位，並且用今天你所完成的工作來評價你的表現——不是用昨天，也不是明天。

五、推動記憶

如果你想成功，可不能健忘。然而，去記憶那些很容易寫下來的東西是在浪費記憶能力。因而要做索引。許多有成就的人都是強迫自己做索引的。

幫助記憶的另一個方法是去注意你要記憶的東西。如果說有成就的人具有非凡的記憶力，那是因為他們完全地投身於他們所做的事情之中去了。對他們說來，記憶那些與他們的根本興趣有關的事實、數字和名字全然不成問題。但由於沒必要去記所有的事情，你首先必須找到哪些對你是重要的，進而行使你的優先權。

六、善於幻想

我們都知道，停留在過去是錯誤的。然而，事實上有成就的人往往是那些能檢視自己的過錯並從中吸取教訓的人。出現問題時，要正視其後果，設法去修正它，然後思考它是怎樣發生的——在未來的日子裡怎樣去避免它。

許多有成就的人還承認，他們常常幻想，這些幻想刺激他們向著既定的目標前進。因此要給自己幻想的時間。培養幻想的習慣，喜歡它們，把它們與你的目標聯繫起來，使之富有建設意義。你們想要做的事情越多，你能夠做的也就越多。

步驟七

努力集中
在你的目標上

皮爾．居里曾說過：「要將自己當作一個陀螺，只圍繞一個中心旋轉。」

美國鋼鐵大王安德魯．卡內基說：

「獲得成功的首要條件和最大祕密，是把精力和時間完全集中於所做的事。一旦開始做一種行業，就要決心闖出一片天。」

一個人不能騎兩匹馬，騎上這匹，就要丟掉那匹，聰明人會把凡是分散精力的要求置之度外，只專心致志地去學習一門，學習一門就要把它學好。

專著更有助於成功

一位美國作家講述了這樣一個故事：我第一次遇見賈金斯，是在好多年前，當時有人正要將一塊木板釘在樹上當置物架，賈金斯便走過去管閒事，說要幫他忙。

他說：「你應該先把木板多餘部分鋸掉再釘上去。」於是，他找來鋸子之後，才鋸了兩、三下就停下來，說要把鋸子磨快些。

於是他去找銼刀。接著又發現必須先在銼刀上裝一個順手的手柄。於是，他又去灌木叢中尋找樹木，可是砍樹又得先找把斧頭。最後，賈金斯到村裡去找他所需要的工具，然而這一走，就再也不見他回來了。

賈金斯無論做什麼都是半途而廢。他曾經廢寢忘食地攻讀法語，但要真正掌握法語，必須首先對古法語有透徹的瞭解，而沒有對拉丁語的全面掌握和理解，要想學好古法語是絕不可能的。

賈金斯進而發現，掌握拉丁語的唯一途徑是學習梵文，因此便一頭栽進梵文的學習之中，可這就更加曠日廢時了。

賈金斯從未獲得過什麼學位，他所受過的教育也始終沒有用武之地。但他的祖先為他留下了一些財產。他拿出十萬美元投資開一家煤氣廠，可是造煤氣所需的煤炭價錢昂貴，這使他大為虧本。於是，他以九萬美元的售價把煤氣廠轉讓出去，做起煤礦來。

可這又不走運，因為採礦機械的耗資大得嚇人。因此，賈金斯把在礦裡擁有的股份變賣成八萬美元，轉入了煤礦機器製造業。從那以後，他在有關的各種行業中打轉，沒完沒了。

他戀愛過好幾次，雖然每一次都毫無結果。他對一位女性一見鍾情，十分坦率地向她表露了心蹟。為使自己匹配得上她，他開始在精神品德方面陶冶自己。他去一所學校上了一個半月的課，但不久便自動放棄了。兩年後，他向對方求婚，那位女性卻早已嫁給了另一個人。

不久他又如癡如醉地愛上了一位迷人且有五個妹妹的女孩。可是，當他去了對方家時，卻喜歡上了二妹，不久又迷上了更小的妹妹，結果到最後一個也沒成功。

賈金斯的情形每況愈下，越來越窮。

他賣掉了最後一項營生的最後一份股份後，便用這筆錢買了一份逐年支付的終生年金，可是這樣一來，支取的金額將會逐年減少，因此他要是活著的時間長了，早晚得挨餓。

與賈金斯的朝三暮四性格完全相反，勒韋則是一個非常專注於目標的人。勒韋是美國的著名醫師及藥理學家，一九三六年榮獲諾貝爾生理學及醫學獎。

勒韋一八七三年出生於德國法蘭克福的一個猶太人家庭。從小喜歡藝術，繪畫和音樂都有一定的水準。但他的父母是猶太人，對猶太人深受各種歧視和迫害心有餘悸，不斷敦促兒子不要學習和從事那些涉及意識形態的行業，要他專攻一門科學技術。

他的父母認為，學好數理化，可以走遍天下都不怕。

在父母的教育下，勒韋進入大學學習時，放棄了自己原來的愛好和專長，進入史特拉斯堡大學醫學院學習。

勒韋是一位勤奮志堅的學生，他不怕從頭學起，他相信專著於一，必定會成功。他保持這一心態，他專心致志於醫學課程的學習。

心態是行動的推進器，他在醫學院攻讀時，被教授的學識和專心鑽研精神所吸引。這位教授叫茲納教授，是著名的內科醫生。勒韋在這位教授的指導下，學業進展很快，並深深體會到醫學也大有施展才華的天地。

勒韋從醫學院畢業後，他先後在歐洲及美國一些大學從事醫學專業研究，在藥理學方面取得較大進展。由於他在學術上的成就，奧地利的格拉茲大學於一九二一年聘請他為藥理教授，專門從事教學和研究。在那裡他開始了神經學的研究，透過青蛙神經的試驗，第一次證明某些神經合成的化學物質可將刺激從一個神經細胞傳至另一個細胞，又可將刺激從神經傳到器官。他把這種化學物質稱為乙醯膽鹼。

一九二九年他又從動物組織分離出該物質。勒韋對化學傳遞的研究成果是一個前人未有的突破，對藥理及醫學上作出了重大貢獻，因此，一九三六年他與戴爾獲得了諾貝爾生理學及醫學獎。

勒韋是猶太人，儘管他是傑出的教授和醫學家，但也如其他猶太人一樣，在德國遭受了納粹的迫害，當局把他逮捕，並沒收了他的全部財產，被取消了德國籍。後來，他逃出了納粹的集中營，輾轉到了美國，並加入了美國籍，受聘於紐約大學醫學院，開始了對糖尿病、腎上腺素的專門研究。勒韋對每一項新的研究，都能專著於一，不久，他這幾個專案都獲得新的突破，特別是設計出檢測胰臟疾病的勒韋氏檢驗法，對人類醫學又作出了重大貢獻。

成功之本取決於人的心理素質、人生態度和才能資質。當然，僅靠這個「本」還不夠，必須兼具高遠志向和實現目標的專心致志毅力。特別是專著於一精神，更有利助人成功。

努力集中在你的目標上

奧林匹克運動會十項全能金牌得主布魯斯・詹納在家中放了相當多的運動器材，以便每天提醒他去實現自己的目標。他將十項運動每個項目的器材放在他不訓練時也看得到的地方，跨高欄是他最差的一項，他就將一個欄放在起居室的正中央，每天必須跨越三十次；他的專門項目是個鉛球；啞鈴就放在室外廊簷下；撐杆跳高用的杆子和標槍在沙發後豎立著；壁櫥裡放著他的運動服裝和運動鞋。布魯斯說這種不尋常的擺設在他準備奧運奪冠的過程中，幫助他改善了他的競技狀態。

成功者們始終將目光集中在他們的目標上，他們常常在向目標奮進的過程中運用想像提醒自己目標所在。

你也要為你的目標創建一種經常提醒自己的方式。比如，將你確定的目標和實行計劃寫在便箋上或是記事本上，並將它們有計劃地放置在你的家中和辦公室裡，使你能夠常常看到它們；或者將你對自己目標和實現計劃的陳述錄在錄音檔上，在你開車、休息或思考時播放它們。將你的實施計劃編輯在你的電腦螢幕保護程式上；或者，將你需首要實施的計劃輸入電腦。這樣，你的目標和計劃就常常出現在你的眼前，幫助你將注意力放在這些最重要的事情上面。

你也可以讓你的夢想始終環繞著你，透過多種方法來建立自己的提示途徑。採取什麼方法並不重要。更重要的是行動！布魯斯・詹納的方法非常具有想像力，但它的確幫助他實現了自己的夢想。如果你像他那樣將自己的努力始終集中在你的目標和最重要的事情上面，就沒有任何東西能夠阻止你了。

控制自己專注於你的工作是成功的要素之一

一個商人需要一個夥計，他在商店裡的櫥窗上貼了一張獨特的廣告：「誠徵：一個能自我克制的男性。每星期四美元，合適者可以拿六美元。」

「自我克制」這個術語在村裡引起了議論，這有點不平常。這引起了小夥子們的思考，也引起了父母們的思考。這自然引來了眾多求職者，每個求職者都要經過一個特別的考試。

「你能閱讀嗎？孩子。」

「能，先生。」

「你能讀出這一段嗎？」他把一張報紙放在小夥子的面前。

「可以，先生。」

「你能一刻不停頓地朗讀嗎？」

「可以，先生。」

「很好，跟我來。」

商人把他帶到他的私人辦公室，然後把門關上。

他把這張報紙送到小夥子手上。閱讀剛一開始，商人就放出六隻可愛的小狗，小狗跑到男孩的腳邊。男孩經不起誘惑去看看可愛的小狗。由於視線離開了報紙，男孩忘記了自己的工作，唸錯了。當然他失去了這次機會。

就這樣，商人淘汰了七十名男孩。終於，有個男孩不受誘惑一口氣讀完了。商人很高興。

他們之間有這樣一段對話：

商人問：「你在讀書的時候沒有注意到你腳邊的小狗嗎？」

男孩回答道：「有，先生。」

「我想你應該知道牠們的存在，對嗎？」

「是的，先生。」

「那麼，為什麼你不看一看牠們？」

「因為您告訴過我要不停頓地讀完這一段。」

「你總是遵守你的諾言嗎？」

「的確是，我總是努力地去做，先生。」

商人在辦公室裡走著，突然高興地說道：「你就是我要找的人。明早七點鐘過來，你每週的工資是六美元。我相信你會大有發展。」而男孩的發展最後也的確如商人所說的一樣。

這就是成功的要素！太多人喜歡玩小狗而不能克制自己，不能把自己的精力投入到他們的工作中，完成自己偉大的使命。

這可以解釋成功者和失敗者之間的區別。即使天掉下來，你也要克制住自己！

最重要的是一次做好一件事情

伊格諾蒂・勞拉有一句名言：「一次做好一件事情的人比同時涉獵多個領域的人要好得多。」

在太多的領域內都付出努力，我們就難免會分散精力，阻礙進步，最終一無所成。

十八世紀早期就讀於牛津大學的聖・里奧納多在一次給校友福韋爾・柏克斯頓爵士的信中談到他的學習方法，並解釋自己成功的祕密。

他說：「剛開始學法律時，我決心吸收每一點獲取的知識，並使之吸收為自己的一部分。在一件事沒有充分瞭解清楚之前，我絕不會開始學習另一件事情。我的許多競爭對手在一天內讀的東西我得花一星期時間才能讀完。一年後這些東西，我依然記憶猶新，但是他們，卻早已忘得一乾二淨了。」

在對有價值目標的追求中，堅忍不拔的決心是一切真正偉大品格的基礎。充沛的精力會讓人有能力克服艱難險阻，完成單調乏味的工作，忍受其中瑣碎而又枯燥的細節，進而使他順利通過人生的每一驛站。在這個過程中，正是由於各種令人沮喪和危險的磨練，才造就了天才。

在每一種追求中，作為成功之保證的與其說是卓越的才能，不如說是追求的目標。目標不僅產生了實現它的能力，而且產生了充滿活力、不屈不撓為之奮鬥的意志。

因此，意志力可以定義為一個人性格特徵中的核心力量，概而言之，意志力就是人本身。

它是人的行動的驅動器，是人的各種努力的靈魂。

真正的希望以它為基礎，而且，它就是使現實生活絢麗多姿的希望。在伯特爾修道院鐫刻著一條關於破碎的頭盔的格言：「希望就是我的力量」，這條格言似乎與每個人的生活息息相關。

對於年輕人來說，如果他們的願望和要求不能及時地付諸行動，那麼就會引起他們精神上的萎靡不振。

但是，目標的實現，正像許多人所做的那樣，不僅需要耐心的等待，而且還必須堅持不懈地奮鬥和百折不撓地精神，就像在滑鐵盧擊敗拿破崙的惠靈頓將軍那樣。切實可行的目標一旦確立，就必須迅速付諸實施，並且不可發生絲毫動搖。

決定改變自己，就猶如那鐵匠的鐵錘，它能敲碎一切橫在人生路途上巨大的石塊。在生活中的多數情況下，對枯燥乏味工作的忍受，應被視為最有益於人身心健康的原則，為人們所樂意接受。

亞雷・謝富爾指出：「在生活中，唯有精神的肉體的勞動才能結出豐碩的果實。奮鬥、奮鬥，再奮鬥，這就是生活，唯有如此，也才能實現自身的價值。我可以自豪地說，還沒有什麼東西曾使我喪失信心和勇氣。一般說來，一個人如果具有強健的體魄和高尚的目標，那麼他一定能實現自己的心願。」

那些對奮鬥目標用心不專、左右搖擺的人，對瑣碎的工作總是尋找遁辭，懈怠逃避，他們註定是要失敗的。

如果我們把所從事的工作當作不可迴避的事情來看待，我們就會帶著輕鬆愉快的心情，迅速地將它完成。

因此，即使是一個一般的人，只要他在某一特定時間內，全心全意地投入和不屈不撓地從事某一項工作，他也會取得成就。

福韋爾・柏克斯頓認為，成功來自一般的工作方法和特別的勤奮努力，他堅信《聖經》的訓誡：「無論你做什麼，你都要竭盡全力！」他把自己一生的成就歸功於「在一定時期不遺餘力地做一件事」這一信條的實踐。

鍥而不捨地「做一件事」

在美國，廣泛流傳著一個瓊絲太太做蛋糕的幽默：

拿出大型平底鍋一具。把狗趕出廚房。移開兒子阿洛堆在桌上的積木。在鍋裡塗牛油。倒出葡萄乾。

量好麵粉七兩。把阿洛伸到麵粉罐中的小手拉出來。把倒在地板上的麵粉擦乾淨。打電話給樓上的鄰居太太借麵粉。

篩麵粉時，找到兒子丟在地板上的小玩具汽車。

拿出一個大碗，準備打雞蛋。叫女兒把冰箱裡的雞蛋拿出來，把女兒打碎在地板上的雞蛋抹乾淨。自己去拿雞蛋。

叫女兒去接電話。然後自己去接聽電話。

把電話聽筒上的麵粉和牛油擦乾淨。

回到廚房。

把阿洛伸進盛麵粉和雞蛋的大碗中的小手拉出來，幫他洗手。

叫女兒去看什麼人敲門。

然後自己去開門。

擦乾淨門把手上的麵粉和雞蛋。回到廚房。

把塗好牛油的平底鍋中的一堆鹽倒掉。

把阿洛握著的鹽罐拿開。

告訴女兒晚上不必餵狗，因為狗把麵粉和雞蛋吃掉了。

再拿兩個雞蛋，又開一包麵粉。

把阿洛伸進麵粉袋中的小手拉出來。打他。安慰他。哄他。給他一大碗麵粉和一杯牛奶，讓他做「他自己的」蛋糕。

重新把平底鍋塗好牛油。把兒子的玩具汽車從鍋中拿出來。

再拿一個平底鍋塗好牛油。去追女兒，叫她把葡萄乾拿回來。

找發粉。

打電話給雜貨店買發粉。

把聽筒上的髒東西擦乾淨。

回到廚房。發現東西都倒在地板上，阿洛渾身都是麵粉。

叫狗把葡萄乾和別的東西吃掉。

打電話給丈夫，讓他下班後順路去糕餅店，買一個大點的蛋糕回來。

這個故事說明，要完成任何一個目標——包括做一個蛋糕這樣簡單的事情，都要把握關鍵的幾點：做好準備工作；心無旁騖地始終關注主要目標；不達目的不罷休。顯然，成功的人士都深深地懂得這一點。德國大詩人哥德用六十年的精力，心無旁騖，專攻《浮士德》之創作。其間，令人眼花繚亂的誘惑很多，但都未能讓他分心。

《浮士德》成了他形影不離的另一個靈魂，成了他生命賴以存活的根本。他不斷地排斥著「第二個興趣」的侵犯，他不斷地從發展「第一個」、亦即「唯一的一個」中求精粹，求昇華，求超越。他不願意讓《浮士德》只成為理性的毛坯，他不願意讓《浮士德》所隱藏的大智慧只表現為半成品，於是，他竭盡平生之力不斷地開掘，不斷地修改。歌德曾說過：「一個人不能騎兩匹馬，騎上這匹，就要丟掉那匹。聰明人會把凡是分散精力的要求置之度外。」歌德的成功，除了其他因素之外，正是藉助了這種平實無華的生活哲學。

年輕時代，興趣的轉移都是難免的，主攻方向的覓得，也往往需要一個或長或短的過程。但是，一旦你深信解決了上述問題，千萬不可再三心二意，貽誤青春的大好時機。這對於人生早出成果和奠定創新生涯，關係重大。

儘早地「做一件事」終生為之奮鬥的主攻方向，鍥而不捨地為「發展這一個」竭盡畢生精力，這種人生哲學已為成功奠定了具有決定性的一半，另一半只要輔佐以科學的方法，持之以恆。

步驟八

堅持不懈，直到成功

古希臘哲學家柏拉圖說：「成功的唯一訣竅是堅持到最後一分鐘。」

生命的獎賞遠在旅途終點，而非起點附近。

每次進步一點點並不太難，如果我們堅忍不拔，

勇往直前，迎接挑戰，那麼，我們一定會成功。

記住：沙漠盡頭必是綠洲。

目標+常識+勇氣=成功

二十八歲的布拉德・哈維爾和二十五歲的約翰・弗萊工作的道路救援站坐落於佛羅裡達州的德爾文。現在是休息時間，他們正在談論以前經歷的事情。

那是一九八七年，弗萊有一輛十八個輪子的大卡車，司機載著他的妻子及兩個孩子，衝過鐵道護欄，翻進了大水溝。

由於水面浮滿了泥漿和汽油，所以救援隊想用水壓分割器，即俗稱的「生命之鉗」把駕駛室弄開。然而，他們無法在泥中用力，油壓鋸也不能在水下使用。等拖車把卡車從大水溝中吊出來時，他才見到了家人。

「太遲了！」弗萊厄蒂告訴哈維爾。

哈維爾想起的是一九八九年翻倒在佛羅裡達南部大沼澤路上的一輛車。

當時，那個十幾歲的小司機被卡在破車中，破碎的車頂把他的頭壓在他兩腿間的一堆碎玻璃上，那孩子在痛苦中呻吟。

哈維爾所屬的救援隊用「生命之鉗」三、兩下就打開了車門，然而馬上又束手無策了，因為下一步必須避開一桶油罐，這件事「生命之鉗」很難辦好。孩子最終當然得救了，但對哈維爾來說，這是令人沮喪的四十五分鐘。

「一定會有更好的方法。」弗萊厄蒂說。他開始構思一種理想的工具，他想像這種工具可以穿過殘骸切割，而不是撬開殘骸，工具很輕，但很結實，足以在狹小的空間裡施展，而且不用汽油或電力。

「你覺得會有人能做出類似這樣的工具嗎？」哈維爾問弗萊。

「我可能自己會做。」哈維爾見朋友很認真，就說：「我會幫助你的。」

一九九一年這次偶然的談話使他們開始了夢的追尋，他們和弗萊的朋友弗雷德・漢普頓一起工作。弗雷德發明瞭一種有迴復式刀身的手提式短鋸，這種鋸能靠消防車的壓縮空氣提供動力，因此能在水裡使用。同時，由於刀身運動幅度很小，所以能緊貼遇難者身體切割。

然後他們開始打造樣品，並為刀身的強度測試。

每次打造出來的刀片看來都很有希望，但實際使用卻不行，因為刀身必須經得住每分鐘二．二萬次的震動，而他們所有的試驗品在切割擋風玻璃時，不是被卡住就是刀身損壞。

失敗一個接著一個，他們花光了積蓄，但沒有人願意放棄。一九九四年，他們終於找到了一種有希望的混合鋼鋸。

他們把超硬的鋸齒固定在一根較軟的減熱刀身上，這樣鋸塑膠和鋼的時候就不會卡住了。

這鋸刀不可思議的鋒利，他們將它命名為「截鋼劍」，即亞瑟王的神劍。不久，哈維爾被叫到一個撞車現場，一個十幾歲的女孩被困在一輛扭曲的車中，哈維爾趴在地上，把一隻手伸進了扭曲的金屬堆中，為他的救援工具探查路徑。

「有足夠的空間，」他對隊友說，「把截鋼劍給我。」刀身緊貼著女孩的脖子切除了扭曲的金屬堆。

幾分鐘後，女孩得救了。

救援實業公司向其他汽車救援站和軍隊出售了一千多套截鋼劍，使弗萊的夢想成真。

要想掌握你的生命，就像要弗萊一樣高懸某種理想或希望，全力以赴，使自己的生活能配合一個目標。

有許多人庸庸碌碌，默默以終，這是因為他們認為人生自有天定，從沒想到可以創造人生，好好地利用自己的生活，使它朝著自己的計劃和目標奮進。這種堅定刻苦的人成功的原因最少有三個因素。

一、目標

偉大的人生以憧憬開始，那就是自己要做什麼或要成為什麼的憧憬。南丁格爾的夢想是要做護士，愛迪生的理想是做發明家。

這些人都為自己想像出明確的前途，把它作為目標，勇往前進。

十九世紀的英國詩人濟慈幼年就成為孤兒，一生貧乏，備受文藝批評家抨擊，戀愛失敗，身染重病，二十六歲即去世。

濟慈一生雖然潦倒不堪，卻不受環境的支配。他在少年時代讀到史賓塞的著作之後，就立志自己定要成為詩人。濟慈一生致力於這個最大的目標，使他成為一位名垂不朽的詩人。

他有一次說：「我想我死後可以躋身於英國詩人之列。」

你心目中要是高懸這樣的遠景，就會勇猛奮進。如果自己心裡認定會失敗，就永遠不會成功。

你自信能夠成功，成功的可能性就大為增加。沒有自信，沒有目的，你就會俯仰由人，一事無成。

二、常識

圓鑿而方柄是絕對行不通的。事實上，許多人東試西試，最後才找到自己真正的方向。

美國畫家惠斯勒最初想作軍人，後來因為他化學不及格，被軍校退學。他說：「如果矽是一種氣體，我應該已經是少將了。」斯克特想作詩人，但他的詩比不上拜倫，於是他就改寫小說。

要檢討自己，在想像你的目標時多用點心思，不要妄想。

三、勇氣

一個人真有性格，就有信心，就會有勇氣。大音樂家華格納遭受同時代人的批評攻擊，但他對自己的作品有信心，終於戰勝世人。瘧疾流傳許多世紀，死的人無法計算。

但是有一隊醫療人員相信可以克服它，在古巴埋頭研究，終告勝利。達爾文在一個英國小園中工作二十年，有時成功，有時失敗，但他鍥而不捨，因為他自信已經找到線索，結果終得成功。

目標、常識、勇氣，即使是稍微運用，亦會產生很可觀的結果。如果一個人一心想發財，他可能會遭受無情痛擊；如果他一心想享樂，他可能會自討苦吃；但是如果他所想的是有所建樹，他就可以利用人生的一切機遇。

堅持不懈才能成功

▼能堅持就有達到目標的希望

電臺廣播員莎莉・拉斐爾在她的三〇年職業生涯中，曾遭辭退十八次，可是每次事後她都放眼更高處，確立更遠大的目標。

現在莎莉・拉斐爾已成為電視節目的主持人，曾經兩度獲獎，在美國、加拿大和英國每天有八百萬觀眾收看這個節目。

「我遭人辭退了十八次，本來大有可能被這些遭遇所嚇退，做不成我想做的事情，」她說：「結果相反，我讓它們鞭策我勇往直前。」

英國著名文學家約翰・克里斯，年輕時就對文學有著濃厚的興趣。從三十五歲時，他便開始了寫作生涯。

他不斷地向出版社和文學報刊投寄稿件，全國的出版部門很少有被他漏寄的，但他得到的結果卻是七百四十三件退稿。

這可不是一個小數目，應該說對任何一個人都是一個不小的打擊。但是充滿信心的克里斯並沒有被退稿嚇倒，他仍然是一如既往地埋頭苦讀，筆耕不輟。他從退稿中汲取力量。

他說：「沒錯，我正在承受人們所不敢相信的大量的失敗的考驗。如果我就此罷休，所有的退稿就會變得毫無意義；而我一旦獲得了成功，每一件退稿的價值全部要重新計算。」

就這樣，這位勤奮和充滿信心的作家不斷地寫作，投稿，直到最終得到編輯們的認同。

在現實生活中，曾嘗試過投稿的朋友為數不少，但經過幾次失敗的經歷大多數人就放棄了努力，認為自己沒有這種天賦和機遇。而克里斯居然能坦然地面對七百多件退稿，不改初衷，並最終能獲得成功。

在對自己目標的執著方面，凱博多也堪稱楷模。

凱博多是一家電器公司的老闆，他的事業如日中天，他時常提起，自己能有現在的成就，和自己執著的性格是分不開的。

他常說：「實際上，我在童年就養成了不達目的不罷休的習慣。」下面的這個故事更是他所津津樂道的。

由於警察局尋回的失物往往無人認領，或者物主提出證據後又放棄不要，因此，警察局的儲物室裡收藏的物品真是琳琅滿目，令人驚奇。

那裡有各式各樣的東西：照相機、音響、電視機，工具箱和汽車收音機等。這些無人認領的東西，每年一次以拍賣方式出售，去年密蘇里州堪薩斯市警察局的拍賣中，就有大批的腳踏車出售。

當第一輛腳踏車開始競投，拍賣人員問誰願意出價時，站在最前面的十二歲的小男孩凱博多說：「五塊錢。」

「已經有人出五塊錢，你出十塊好嗎？好，十塊，誰出十五塊？」叫價持續下去，拍賣員回頭看一下凱博多，可是他沒加價。

稍後，輪到另一輛腳踏車。凱博多又出五塊錢，但不再加價。跟著幾輛腳踏車也是這樣叫價出售。

凱博多每次總是出價五塊錢，從不多加，不過，五塊錢的確太少。那些腳踏車都賣到三十五或四十塊錢，有的甚至接近一百元。

暫停休息時，拍賣人員問凱博多為什麼讓那些上好的腳踏車給人家買去，而不出較高價競爭。

凱博多說，他只有五塊錢。

拍賣恢復了：還有照相機，收音機和更多腳踏車要賣出。凱博多還是給每輛腳踏車出五塊錢，而每一輛總有人出價比他高出很多。

現在，聚集的觀眾開始注意到那個首先出價的凱博多，他們開始察覺到會有什麼結果。

經過漫長的一個半小時後，拍賣快要結束了。但是還剩下一輛腳踏車，而且是非常棒的一輛，車身光亮如新，有十段變速，避震器和一組燈光裝置。

拍賣人員問：「有誰出價嗎？」

這時，站在最前面、幾乎已失去希望的凱博多輕聲地再說一遍：「五塊錢」。

拍賣人員停止唱價，停下來站在那裡。

觀眾也靜坐著默不出聲。沒有人舉手，也沒有人喊出第二個價錢。

直到拍賣人員說：「成交！五塊錢賣那個穿短褲和球鞋的小夥子。」

觀眾於是紛紛鼓掌。

凱博多拿出握在汗濕拳頭裡揉皺的五塊錢鈔票，買了那輛無疑是世界上最漂亮的腳踏車時，他臉上露出了從未有過的美麗的光輝。

凱博多指出，在生活中的許多時候，能否取勝，不取決你的實力，而是取決你的執著和堅持精神。

▼堅持就能跨躍各種障礙

派蒂・威爾森在年幼時就被診斷出患有癲癇。她的父親吉姆・威爾森習慣每天晨跑。

有一天戴著牙套的派蒂興致勃勃地對父親說：「爸，我想每天跟你一起慢跑，但我擔心中途會病情發作。」

她父親回答說：「萬一妳發作，我也知道如何處理。我們明天就開始跑吧。」

於是，十幾歲的派蒂就這樣與跑步結下了不解之緣。和父親一起晨跑是她一天之中最快樂的時光；跑步期間，派蒂的病一次也沒發作。

幾個禮拜之後，她向父親表示了自己的心願：「爸，我想打破女子馬拉松的世界紀錄。」

她父親替她查金氏世界紀錄，發現女子長距離跑步的最高紀錄是八十英哩。

當時，讀高一的派蒂為自己定立了一個長遠的目標：「今年我要從橘縣跑到舊金山（四百英哩）；高二時，要到達俄勒岡州的波特蘭（一千五百多英哩）；高三時的目標在聖路易市（約二千英哩）；高四則要向白宮前進（約三千英哩）。」

雖然派蒂的身體狀況與他人不同，但她仍然滿懷熱情與理想。對她而言，癲癇只是偶爾給她帶來不便的小毛病。她不因此消極畏縮，相反地，她更珍惜自己已經擁有的。

高一時，派蒂穿著上面寫著「我愛癲癇」的襯衫，一路跑到了舊金山。她父親陪她跑完了全程，做護士的母親則開著旅行拖車尾隨其後，照料父女兩人。

高二時，她身後的支持者換成了班上的同學。他們拿著巨幅的海報為她加油打氣，海報上寫著：「派蒂，跑啊！」（這句話後來也成為她自傳的書名）。

但在這段前往波特蘭的路上，她扭傷了腳踝。醫生勸告她立刻中止跑步：「妳的腳踝必須上石膏，否則會造成永久的傷害。」

她回答道：「醫生，你不瞭解，跑步不是我一時興趣，而是我一輩子的至愛。我跑步不是為了自己，是要向所有人證明，身有殘缺的人照樣能跑馬拉松。」

派蒂終於來到波特蘭，俄勒岡州的州長還陪她跑完最後一英哩。一面寫著紅字的橫幅早在終點等著她：「超級長跑女將，派蒂・威爾森在十七歲生日這天創造了輝煌的紀錄。」

高中的最後一年，派蒂花了四個月的時間，由西岸長征到東岸，最後抵達華盛頓，並接受總統召見。她告訴總統：「我想讓其他人知道，癲癇患者與一般人無異，也能過正常的生活。」

▼堅持就是成功的祕訣

有學生問大哲學家蘇格拉底，怎樣才能學到他那般博大精深的學問。蘇格拉底聽了並未直接作答，只是說：「今天我們只學一件最簡單也是最容易的事，每個人把胳膊儘量往前甩，然後再儘量往後甩。」

蘇格拉底示範了一遍，說：「從今天起，每天做三百下，大家能做到嗎？」

學生們都笑了，這麼簡單的事有什麼做不到的？過了一個月，蘇格拉底問學生們：「哪些同學堅持了？」有九成同學驕傲地舉起了手。

一年過後，蘇格拉底再一次問大家：「請告訴我，最簡單的甩手動作，還有哪幾位同學堅持了？」這時整個教室裡，只有一人舉了手，這個學生就是後來成為古希臘另一位大哲學家的柏拉圖。

人人都渴望成功，人人都想得到成功的祕訣，然而成功並非唾手可得。我們常常忘記，即使是最簡單最容易的事，如果不能堅持下去，成功的大門絕不會輕易地開啟。除了堅持不懈，成功並沒有其他祕訣。

一九八九年的一個秋夜，加州。四十五歲的斯科特・麥格雷戈正在電腦上工作。抬起疲倦的雙眼，廚房那邊他十歲的雙胞胎克里斯和特拉維斯以及妻子戴安娜映入他的眼簾，他們正在為買牛奶數著零錢。

麥格雷戈自覺慚愧。他走進廚房，對他們說：「我不做了，明天就出去找個工作。」

「爸爸，你現在不能停下。」特拉維斯馬上反對。克里斯也接上一句：「你都快成功了。」

兩年前，為了追尋自己的夢想，麥格雷戈放棄了諮詢顧問的安逸職位。他原先在一家公司工作，那家公司專門向機場和旅店的出差人員出租行動電話。但是，這些電話卻無法對每次通話分別記帳，沒有帳單，有些公司就不讓員工報帳。所以，他們需要在電話中置入一片電腦電路板，以便對每次通話分別記帳。

麥格雷戈知道自己的想法一定能成功。在家人的支援下，他開始與投資者接洽。然而，這項冒險事業似乎無路可走了。

一九九〇年三月的一個星期五，麥格雷戈的冒險生涯跌入了谷底。那天，物業管理公司的代理人敲響了他家的大門，如果麥格雷戈一家不能在星期一之前繳納房租，他們就得住到街上去。

走投無路的麥格雷戈整個週末都在打電話給投資者，直到星期日晚上十一點，一個投資者終於答應開張支票給他。麥格雷戈用這筆錢付了房租，還雇了一名顧問工程師。幾星期後，工程師認為麥格雷戈設想的系統根本無法實現。

「再試試。」麥格雷戈這樣說。

一九九一年五月，這家人再次面對財政危機。麥格雷戈向電信業執牛耳者——南方貝爾公司打了個電話，總經理問他：「六月二十四日前能拿出一個樣品嗎？」麥格雷戈想起了唱反調的工程師和舖滿工作檯的零件：「當然可以。」他希望自己的聲音聽起來充滿信心。

他立刻打電話找他的大兒子葛列格。當時，葛列格正在大學裡主修電腦。麥格雷戈跟他說了這次面臨的嚴峻挑戰。葛列格開始了一天十八小時的工作。他要發明一種能擊敗所有專家的電路板，這是一個棘手的問題。他必須發明一個記帳系統，這個系統要把會計信用卡和計時軟體與一個能確定通話雙方各自位置的網路結合起來並置於一塊指甲蓋大小的晶片上。

六月二十三日，麥格雷戈和葛列格帶著未經測試的樣品飛往亞特蘭大。

麥格雷戈將他二十二歲的兒子介紹給南方貝爾公司總經理後，葛列格將樣品話機遞給了他母親。「媽媽，試一下。」他母親往話機裡塞了一張信用卡，然後撥了個電話，一切都那麼順利。隨後，葛列格遞給貝爾公司工作人員一張完整無缺的列印單據。

現在，麥格雷戈家族公司所屬行動電話公司已是一家價值數百萬美元的企業。

▼堅持理想，戰勝不幸

曾經有這樣一個小孩，他實在是一個極為孤獨而不幸的孩子。他誕生時，脊骨拱起，呈現怪異的駝峰狀，而且他的左腿是彎曲的。醫生望著這個男嬰，對他的父親說：「他會好的。」

這個孩子家庭很窮。在他不滿一歲的時候，他的母親去世了。他長大一些時，別的孩子都躲開他，因為他身體畸形。這個孩子叫查理・斯坦梅茲，一個孤獨而不幸的兒童。但是「上帝」並沒有忽視這個兒童。為了補償他身體的缺憾，「上帝」賦予他非凡的智慧和靈敏。

查理五歲時能作拉丁語動詞變位；七歲時學習了希臘語，並懂得了一些希伯來語；八歲時就精通了代數和幾何。

在大學裡，查理的每門功課都勝人一籌。

為了畢業典禮，他用儲蓄的錢租用了一套衣服，準備迎接典禮的到來。但又一次不幸出現了，學校通知他，免除查理參加畢業典禮。

這件事使查理非常震驚，然而，他很快冷靜了下來，他理智地認為，外在不被承認不要緊，只要自己不斷努力，社會一定會承認他的。

為了實現他的理想，他來到了美國。由於他身體畸形，在美國找工作非常艱難，幾經波折，他終於在通用電器公司找到了一份工作，當繪圖員，週薪十二美元。

在工作中，他除了去完成規定的任務外，還花費了很多時間和精力研究電器。

經過努力，查理一生獲得了二百多種電器發明的專利權，並寫出了許多關於電器理論和工程方面的書籍及論文。

他的努力得到了世人的承認和讚許，也為自己帶來了財富。

他終於由一個孤獨而不幸的孩子，成長為一個具有傳奇色彩的風雲人物。

他讓人們懂得：外在並不重要，困難和不幸不要緊，重要的是人要努力，努力實現目標，完成自己的進取之旅。

不失志就不會「失敗」

思想即事物，這話一點也不假。特別是遠大的思想與目標、毅力結合在一起時，思想更是強有力的事物。

這一點可以在人類通訊史上的一次重大革命中得到明證。

一八三二年十月二日傍晚，行駛在大西洋中的「莎利號」郵輪上，正在進行一場極常見的小小的魔術表演。誰會想到，這次純粹為了排解旅途煩悶的小把戲，不僅改變了一個人的半生命運，而且還掀動了人類通訊進步的契機！

表演者是個叫傑克遜的醫生。他在桌子上放了一塊馬蹄形的鐵塊，上面密密麻地纏著絕緣銅絲，旁邊放著電池和鐵釘。銅絲一通電，那馬蹄鐵彷彿有了一股無形的力量，把鐵釘牢牢吸住；電源一切斷，鐵釘立即從馬蹄鐵上掉下來，那股無形的力量馬上消失了。

傑克遜望著驚奇不已的觀眾，解釋說：「這就是電流的磁效應。當電流通過線圈，電就轉化為磁，馬蹄鐵就產生了磁性，所以吸引了鐵片……現在，電的時代已經到了。電的力量很大，傳遞速度很快，它能夠傳遞資訊……」

「用電來傳遞資訊，這真是個絕妙的主意，傑克遜先生，是否有人把它變成了現實？」問話的是一位享譽美國畫壇的畫家——四十一歲的摩斯。

傑克遜一聳雙肩，遺憾地回答：「沒有。」

「噢」，莫爾斯不由得心中一亮，一個偉大的想法產生了：「我為什麼不去試一試呢？這又有什麼難的？我一定能成功。」

回到美國後，摩斯丟開了畫筆，全心全意投入到電報的研究。他的畫室變成了實驗室：畫架上擺滿了電線、電池，地上鋪滿了各種鐵工和木工的工具。

摩斯研究電報機的消息不脛而走，人們對此議論紛紛。

有的驚疑：「你已經四十多歲了，還改行？」

有的則為他惋惜：「這麼有名氣、有才華的藝術家，竟然放棄自己的光明前程，丟下畫筆，胡思亂想搞什麼發明！」

摩斯對人們的議論一笑了之，專心致志地做實驗。

三年時間過去了，摩斯的積蓄花光了，吃飯和實驗都成了問題。摩斯沒有其他路可走，只好重操舊業，到紐約大學當美術教授，白天上課，晚上研究電報機。

研究到第五個年頭，一天，摩斯接通電流後，望著啪啪作響的電火花，陷入了深思。突然靈感來了：火花是一種信號，沒有火花也是一種信號，沒有火花的時間間隔長，這又是一種信號。三種信號有各種不同的組合，每一種組合代表一個數位或一個字母。這樣只要用一根電線，透過接通或切斷電流，就可以把資訊傳到另一端。

摩斯為自己這個天才想像激動不已，他終於解決了如何用電信號表示數字和字母這一關鍵問題。按照這個設想，他很快編出了世界第一本電報電碼，即後來人們所稱的使用至今的「摩斯電碼」。

發明電報編碼後，摩斯一鼓作氣，根據這個編碼開始設計和製作電報機。

一八三七年九月四日，摩斯終於製造出世界上第一台電磁式電報機，它能在五百米範圍內有效工作。

發明成功了。但由於通訊距離短，沒有企業家肯投資。

摩斯沒有灰心，他深信電報總有一天會佔領市場，於是，他忍痛賣掉了自己身邊唯一值錢的東西——幾幅祖先留下的珍藏名畫，作為繼續試驗的費用。

一八四一年，摩斯在威爾父子的協助下，改進了發報和接收裝置，在傳播線路上添加了一種能起接力作用的繼電器，解決了電流逐漸減弱的問題。可供實用的有線電報機終於誕生了。

莫爾斯和威爾帶著改進後的發明，來到華盛頓，向國會提出建立一條華盛頓至巴爾的摩之間的實驗電報線路的議案，要求撥款三萬美元。

摩斯的議案受到很多議員的嘲笑。有的議員說：「把錢投在一個充滿幻想、不著邊際的計劃中，這是白白浪費納稅人的金錢，不如給錢讓摩斯建造一條通往月球的線路。」

有的議員說：「我們不需要電報，永遠也不需要，有驛站馬車和夏普通信機就足夠了。」

為了說服這些議員，他們到國會作表演，回答議員們的問題。議員們眼見為實，甚至有的議員開始贊成了。

國會對議案展開了幾次激烈的辯論，但最後熱衷於馬車和夏普機的保守派占了上風，議案未獲通過。

摩斯和威爾傷心極了。威爾只好回到父親的工廠裡，摩斯則跑到歐洲去推銷，結果是處處碰壁。

此時，莫爾斯已五十一歲了。他貧病交加，一貧如洗。為了活下去，他重新拿起畫筆。可是，由於長久不動筆，畫技大不如以前，他畫的畫無人問津。

摩斯在饑餓中掙扎著，呻吟著。

後來在科學輿論的壓力下，有關電報實驗線路的議案又被重新提交國會討論。一八四三年三月三日晚上，美國國會再次討論摩斯的方案。原計劃八點鐘付諸表決，結果，國會一直爭論到深夜十二點，互不相讓。最後表決才以多數通過摩斯方案。

一八四四年五月二十四日，摩斯心情激動地坐在華盛頓國會大廈聯邦最高法庭會議廳中，右手緊握電鍵，當著眾人的面，向四十英哩外的巴爾的摩發出了歷史上第一份長途電報：「上帝創造了奇蹟。」

電報終於誕生了。摩斯艱苦奮鬥了十二年，終於將他的想法變成了現實，他勝利了。

在心中決定一個堅定意志

要水冒出飽和蒸汽的力，必先把水燒到二百一十二的溫度。二百度不行，二百一十度也不能辦到。水在壓力下一定要沸騰，才能發出蒸汽，才能轉動機器，才能推動火車。「溫熱」的水是不能推動任何東西的。

許多人都是想用溫熱的水，或將未沸騰的水，去推動他們生命的火車，他們會詫異地問自己，為什麼在事業上，自己總是不盡人意。

一個人態度的溫熱，對於他自己的事業工作所產生的影響，與溫熱的水對於火車所產生的影響相等。

所謂有價值的生命者，一定是懷著一個可以主宰、統治、調遣其他一切意志和念頭的中心意志的生命。沒有這種意志，人的「能力之水」是不會達到沸騰的頂點，生命的火車是不能向前飛躍的。

凡是有著強有力的中心意志，一定是個積極的、有建設與創造本領的人。每個人都會嚮往一件事，希冀一件事，但真能做事、成事的，卻只有那些懷著中心意志或意志堅強的人。

你是以怎樣的態度來應付「困難」的？

面臨著困境，是疑慮、畏懼、厭惡、猶豫？你是懷著「試看看」的狐疑態度的呢，還是抱著無畏的氣概、堅毅的決心的呢？懷著一個披荊斬棘，不惜任何代價、任何犧牲都要達到目標的意志，從這中間，可以生出一股無畏力量來。

有著堅強的中心意志的人，在社會中一定能夠占得重要的位置，並為他人所敬仰。他的言語行動，表現出有定力、有作為、有主見、有生命之目標，而又必求達到其目標。他堅定地朝著目標前進。在這樣的一種意志之下，一切的阻隔都會消融逝去了。

堅定的意志，遠大的目標，是年輕人生命的有力護衛和保障；它能使年輕人抵禦「擋不住」的誘惑，而不致墜入罪惡的深淵中去。

在你看到有一個青年，用著斬釘截鐵的態度，去實行他決定的計劃，而絲毫不存著「假使」、「或者」、「然而」、「並且」等模棱兩可，你可大膽地斷定，他是不會墜落的，他一定會成功的。

目標的認清，意志的堅定，從這中間，是可以生出一種可以使人成功的力量來的。

假使一個人於某一日，在心中決定了一個新的中心意志、新的生命目標。那麼，從那一天起，他就是一個新生的人。他的耳目所接觸的四周都已氣象一新。昨天還在包圍和阻礙他的種種恐懼、狐疑、不快的思想及罪惡的試探，現在煙消霧散了。因為，一個新的中心意志，已經把那些東西一起趕掉了。他的生命現在是統一而不是混亂，積極而不是消極，美而不是醜了。他一切的酣睡著的能力，現在是已經喚醒而準備行動了。

人生在世，有一件事是必須做的，就是去盡力追求實現所有的理想。因為在這個努力裡，有著我們的「自我表現」、「本領顯示」的機會。這種努力是我們將我們的生命發揮至最好、最高、最完美的境界的大好機會。

假使一個人在一生中沒有一個中心意志、最高目標，更不想去執行那意志，達到那目標，那麼他的生命多少是一個失敗；縱使他為了其他外來的緣故，而肯在事業上努力。

人人都知道，要做大事必先精神集中。而這種精神集中卻只能於懷著一個中心意志、生命目標時辦到。對於那些我們不感興趣、不生熱誠的事情，我們是不會精神集中的。

假設一個青年對自己所從事的事業態度遊移，則可斷定，他還沒有懷著一個中心意志，他的事業總還與他的天性不盡適合。否則，他的事業，應當與他的中心意志相符，與他的天性相合，而他的事業就是他生命中的一部分，不能分離。

在心中決定一個中心意志，尋覓到最高的生命理想或目標，並且覺得不能不實現，必須實現而後已；不論怎樣費力、怎樣費時，也仍然不會放棄追求、停止努力——這是使我們的生命成為有價值與得到勝利的原則！

唯有有恆才會有效

有個胖太太，每天都聽見她說要減肥。但是，吃的時候，量比別人多，睡眠時間又比別人長；叫她做些家事，她說太辛苦，提醒她應該去運動，她嫌勞累，邀她一齊到公園慢跑，她怕曬太陽，還怕流汗。

有一天，她站在磅秤上，低頭看見磅秤上指標停在八十公斤，大吃一驚。那天她狠下心，一整天只吃一點點東西，油鹽甜膩皆不敢入口。然後，馬上到體育用品店去，購買了全套的運動衣褲還有鞋襪，接著立刻像拼命般地又跑又跳。從第二天開始，她實行少吃多運動的生活習慣。

大家都以為這一次她肯定是減肥成功了。因為第三天，她也很有決心地進行了她的計劃。

一個星期過去，她充滿著信心，站上那個令她一看便心跳一百的磅秤，當她發現指標仍然固執地指著八十公斤時，她像洩了氣的氣球一樣，很快地軟塌下來了。

她認為自己是上當了。她覺得自己不是沒嘗試過，也不是沒有努力過；但是卻沒有看到成績。她生氣了！

失望透頂的她於是就放棄減肥了。她認定自己再也沒有指望恢復未婚前的苗條了。自第八天開始，絕望的她恢復以前的生活方式，大吃大喝、中午午睡，晚上早睡，運動衣褲則束之高閣。

類似這般一曝十寒的作法，不要說減肥，無論是進行任何事，都不會有成功的一天。不是說方法不對，而是行事的態度出了差錯。

一棵有主根紮得實實在在、穩穩當當的大樹，風吹也好，雨打亦然，它不是這麼容易被摧毀的。

一個人把時間花在什麼地方，就會在哪裡看到成績。這是非常簡單卻又實在的道理。但是，兩天打魚，三天曬網是不行的。唯有有恆，才會讓人看見成就。

一個人要想實現自己的目標，離不開艱辛的腦力勞動和體力勞動。

這是一則有關石匠的故事。你知道石匠是怎麼敲開一塊大石頭的嗎？他所擁有的工具只不過是一個小鐵錘和一支小鑿子，可是這塊大石頭卻硬得很。當他舉起錘子重重地敲下第一擊時，沒有敲下一塊碎片，甚至連一絲鑿痕都沒有，可是他並不以為意，繼續舉起錘子一下再一下地敲，一百下、二百下、三百下，大石頭上依然沒出現任何裂痕。

可是石匠還是沒懈怠，繼續舉起錘子重重地敲下去，路過的人看他如此賣力而不見成效卻還繼續硬幹，不免竊竊私語，甚至有些人還笑他傻。可是石匠並未理會，他知道雖然所做的還沒看到立即的成效，不過那並非表示沒有進展。

他又挑了大石頭的另一個地方敲，一錘又一錘，也不知道是敲到第五百下還是第七百下，或者是第一千下，終於看到了成效，那不是只敲下一塊碎片，而是整塊大石頭裂成了兩半。

難道說是他最後那一擊，使得這塊石頭裂開的嗎？當然不是，而是他一而再、再而三連續敲擊的結果。這個引喻給我們很大的啟示，抱持持續不斷努力實現目標的決心，就有如那把小鐵錘，它能敲碎一切橫在人生路途上的巨大石塊。

目標可以吸引我們的注意，引導我們努力的方向，至於最終是成功還是失敗，就全看我們是否能始終走在正確的方向上。

絕不半途而廢

一位燙衣工人住在拖車房屋中工作，週薪只有六十元。他的妻子上夜班，不過即使夫妻倆都工作，賺到的也只能勉強糊口。他們的嬰兒耳朵發炎，他們只好連電話也拆掉，省下錢去買抗生素治病。

這位工人希望成為作家，夜間和週末都不停地寫作，打字機的劈啪聲不絕於耳。他的剩餘的錢全部用來付郵費，寄稿件給出版商和經紀人。但他的作品全給退回了。退稿信很簡短，非常公式化，他甚至不敢確定出版商和編輯究竟有沒有真的看過他的作品。

一天，他讀到一部小說，令他記起了自己的某本作品，他把作品的原稿寄給那部小說的出版商，他們把原稿交給了皮爾・湯姆森。

幾個星期後，他收到湯姆森的一封熱誠親切的回信，說原稿的瑕疵太多。不過湯姆森的確相信他有成為作家的希望，並鼓勵他再試試看。

在此後十八個月裡，他再寄去兩份原稿給編輯，但都被退稿了。他開始寫第四部小說，不過由於生活壓力，經濟拮据，他開始放棄希望。

一天夜裡，他把原稿扔進垃圾桶。第二天，他妻子把它撿回來。「你不應該半途而廢，」她告訴他，「特別在你快要成功的時候。」

他看著那些稿紙愣住了。也許他已不再相信自己，但他妻子卻相信他會成功。一位他從未見過面的紐約編輯也相信他會成功。因此每天他都寫一千五百字。

他寫完了以後，把小說寄給湯姆森，不過他以為這次又會失敗。可是他錯了。湯姆森的出版公司預付了兩千五百美元給他，史蒂芬・金的經典恐怖小說《魔女嘉莉》誕生了。這本小說後來銷了五百萬冊，並拍成電影，還成為一九七六年最賣座的電影之一。

成功的人很明白，沒有人能一步登天。真正使他們出類拔萃的，是他們心甘情願地一步接一步往前邁進，不管路途多麼崎嶇。

change myself 04

創意是成功的方向：追求卓越！

雅致風靡　典藏文化

親愛的顧客您好，感謝您購買這本書。即日起，填寫讀者回函卡寄回至本公司，我們每月將抽出一百名回函讀者，寄出精美禮物並享有生日當月購書優惠！想知道更多更即時的消息，歡迎加入"永續圖書粉絲團"您也可以選擇傳真、掃描或用本公司準備的免郵回函寄回，謝謝。

傳真電話：（02）8647-3660　　電子信箱：yungjiuh@ms45.hinet.net

姓名：	性別：　□男　□女
出生日期：　年　月　日	電話：
學歷：	職業：
E-mail：	
地址：□□□	
從何處購買此書：	購買金額：　元
購買本書動機：□封面 □書名 □排版 □內容 □作者 □偶然衝動	
你對本書的意見： 內容：□滿意□尚可□待改進 封面：□滿意□尚可□待改進	 編輯：□滿意□尚可□待改進 定價：□滿意□尚可□待改進
其他建議：	

剪下後傳真、掃描或寄回至「22103新北市汐止區大同路3段194號9樓之1雅典文化收」

您可以使用以下方式將回函寄回。
您的回覆，是我們進步的最大動力，謝謝。

① 使用本公司準備的免郵回函寄回。
② 傳真電話：（02）8647-3660
③ 掃描圖檔寄到電子信箱：
yungjiuh@ms45.hinet.net

沿此線對折後寄回，謝謝。

廣告回信
基隆郵局登記證
基隆廣字第056號

221-03

雅典文化事業有限公司 收
新北市汐止區大同路三段194號9樓之1

雅致風靡　典藏文化